从黄土高原到白山黑水

惠毅 著

作家出版社
全国百佳出版社

图书在版编目（CIP）数据

从黄土高原到白山黑水 / 惠毅著. -- 北京：作家出版社，2025. 1. -- ISBN 978-7-5212-3119-9

Ⅰ. K825.2

中国国家版本馆CIP数据核字第2024AM7946号

从黄土高原到白山黑水

作　　者： 惠　毅
责任编辑： 朱莲莲　丁文梅
封面设计： 贾　莹
出版发行： 作家出版社有限公司
社　　址： 北京农展馆南里10号　　**邮　　编：** 100125
电话传真： 86-10-65067186（发行中心）
86-10-65004079（总编室）
E-mail:zuojia@zuojia.net.cn
http://www.zuojiachubanshe.com
印　　刷： 河北星强印刷有限公司
成品尺寸： 155×220
字　　数： 185千
印　　张： 13.75
版　　次： 2025年1月第1版
印　　次： 2025年1月第1次印刷
ISBN 978-7-5212-3119-9
定　　价： 78.00元

目 录

序　一

1981年，我的第一部长篇小说《外国八路》出版，小说的主人公叫汉斯·希伯，是一位来自万里之外的外国记者。他访问过毛泽东、周恩来等中共领导人，报道了中国人民在中国共产党领导下保卫家园、抗击日本侵略者的故事。但希伯不仅仅是一位记者，还是一名战士，在山东抗战最严峻、最困难的阶段，他穿上八路军军装与抗日军人共同作战，最终血染沂蒙山，牺牲在战场上。

我与惠毅的相识正是由于此书的“搭桥”。20世纪80年代，惠毅偶然间读了此书，感觉非常兴奋，随后联系上了我。他告诉我，这个外国八路在山东的经历和他的外爷李延培在山东战斗的经历有很多相同相似之处。这也引起了我对他、对他外爷的兴趣。从此，我俩经常互通书信，交流相关资料，讨论读书和写作心得，成为相识40年、年龄相差近40岁的“老笔友”和忘年交。

此后，我在山东、河北、山西、安徽、江苏等地采访，了解了很多八路军、新四军的战斗故事，为后来出版《战争和人》等书籍积累了丰富的素材。其间，我和惠毅经常进行交流，我采访时挖掘到一个新故事会告诉他，他搜集到他外爷和战友们战斗的资料和照片也会及时与我分享。有一次聊天时，他说将来一定要写一本他外爷参加革命斗争、浴血奋战故事的书。我也不断勉励他，以自己写书的经验向他建议，读万卷书更要行万里路，有机会一定要到他外爷战斗过的地方实地采访，触摸历史遗迹、访问当事人、寻找情感根源，并作为对图文资料的有机补充，这样写出来的东西才是有血有肉的，故事才是充满感情的。

惠毅写书的意愿成了我俩几十年涉及最多的话题，每每写信、通电话、发信息时，我都会问："书稿怎么样了？""什么时候能让我看看？"他也经常回答："快了快了，我又找到新的资料了！"

直到今年12月，在我即将步入百岁寿诞之时，惠毅兴奋地告诉我，写书的任务终于完成了，并发来了《从黄土高原到白山黑水》的书稿，请我读读、看看，提出宝贵意见，并为这本书写个序，我毫不犹豫地答应了他。

虽然我年龄大了，眼也花了，但这本书的文字稿还是几乎一口气读完了，原因是内容太丰富，故事太精彩，一读起来就放不下了。这本书既有历史文献的严谨，也有纪实文学的生动，更有文学作品的魅力。全书通过主人公李延培的战斗经历，以小见大，展现了中国人民解放战争从土地革命、抗日战争、解放战争到抗美援朝的主脉络。既有宏大叙事，也有具体描写；既有激烈残酷的战争场面，也有轻松幽默的生活场景；既有较高的史料价值，也有很强的文学性；既有铁血战士的刚毅勇猛，也有战友兄弟的深厚情谊……全书读来跌宕起伏、路转峰回，让人不忍释卷、难以释怀。女儿经常不住地提醒我注意休息，我才依依不舍停止阅读。

在此，我要郑重向大家推荐这本好书，希望通过这本书进一步了解我军辉煌的战斗历史，缅怀那些英勇捐躯的革命烈士，牢记革命传统，赓续红色血脉，树立崇尚英雄、缅怀英烈的风尚。

为惠毅小友能在百忙工作中挤出时间完成著书表示祝贺，同时我也感到很欣慰，我们总算了却近40年的一个共同愿望，我也将以这篇序言作为我们40年友谊的见证。

王火

序　二

近年来，我作为专门从事我军战史研究的史学工作者，参与了一些陕北红军，尤其是红26军题材的图书、文献片、影视剧作品的审读、审看工作。通过与党史军史专家深入探讨交流，我对这支光荣的革命军队有了进一步认识，对挖掘这支部队的红色故事和英雄人物的愿望也愈发强烈。

众所周知，西北革命根据地是土地革命战争后期唯一一块保存完整的根据地，是中共中央和各路北上红军长征的落脚点，也是八路军三大主力奔赴抗日前线的出发点，在中国革命历史上占有重要的地位。以刘志丹、谢子长、习仲勋等老一辈革命家为代表的共产党人准确分析敌我力量和社会形势，创造性地提出适合自己的斗争模式，创建了西北红军和西北革命根据地，为中国革命做出了历史性贡献。红26军是西北地区成立最早的正式红军，从陕北高原走出来的这支红军部队的战士们，先后在陕、甘、宁、晋、冀、鲁、豫、皖、苏及东北等地区浴血奋战，抗击日本侵略者，打击国民党反动派，为中国革命胜利和新中国的建立做出了不朽贡献。可以说，他们的征战历程就是中国共产党领导下的革命军队战斗历史的一个缩影。

正所谓“时势造英雄”，这支英雄部队涌现出了无数英雄人物，其中让我印象最深的是一位名叫李延培的战士。我第一次知道李延培这个名字是在审读《中国人民解放军第39军军史》一书时，看到了关于义县保卫战的描述——作为基层指挥员的李延培带领连队发扬不怕牺牲、敢打敢拼的革命英雄主义精神，阻击优势敌军，成功掩护东北局、东总机关和主力部队撤离。这样的史实深深地吸引了我，使我认识到这场并不广为人知的保卫战在东北革命战争史中的重要地位和作用，也让我对李延培的征战经历产生了浓厚的兴趣。

后来，我在审读一部东北剿匪战斗的书稿时，再一次看到了“李延培”这个名字。在鄂伦春剿匪工作陷入难局时，他以大无畏的革命精神，置生死于度外，闯山林进深山，成功劝降莫氏兄弟族群下山投诚，带领鄂伦春人走向了新生，这不就是一个活生生的“杨子荣”式的孤胆英雄吗？

由于对李延培的关注，我和学生忙里偷闲撰写了相关文章，分别在《解放军报》《中国国防报》等国家级报刊，以及《吉林日报》《扬子晚报》《徐州日报》《铁岭日报》《邯郸日报》《榆林日报》《党史文汇》等李延培战斗过地区的报刊相继发表。其中《李延培：堪比杨子荣的剿匪传奇英雄》《平型关战役中走出的“英雄班长”》《红旗漫卷西风——侦察班长李延培记述中的山城堡战役》《春天的怀念——“钢铁营长”李延培和战友们在四平战役中》等文章在读者中产生了强烈反响，也成为很多党史、军史研究者的史实资料。其中《李延培：堪比杨子荣的剿匪传奇英雄》一文荣获第八届长征文艺奖。

几年前，我在审看电视剧《千里雷声万里闪》时，认识了该剧的出品方——西安广播电视台台长惠毅，一聊之下才知道，他居然是李延培的外孙，这真是缘分啊！

惠毅不仅是红军后代，他还有弘扬革命传统、讲好红色故事的强烈愿望。从20世纪八九十年代开始，在从事新闻工作的几十年里，他摄制创作了许多红色题材作品，也撰写了不少红色革命英雄人物和红色故事文章。后来我听说他正在整理多年积累的资料和照片，并利用业余时间考察走访，准备写一部关于他外爷李延培征战经历的纪实书稿，我非常高兴，并表示会大力支持。共同的研究方向使我俩的交集不断增多，联系更加频繁，关系也更加密切。我们互通资料、分享成果、交流心得，我也时时刻刻关注这本书的写作进程，不断地向他催稿。直到最近，他告诉我《从黄土高原到白山黑水》一书的书稿完成了，让我审核把关，我有一种先睹为快的期待感。

看到书稿后，我受了不小的震撼。这本书既具有较强的革命战争史、革命军事史的史料价值和研究价值，也有着很强的可读性和文学性。书中不仅展现了我军土地革命、抗日战争、解放战争的光辉历程，也记录了许多重大历史事件和经典战斗；不仅讲述了优秀军事团队的战斗功绩，也描写了包括李延培在内的一个个革命战士的生动故事。在对他的外爷的记述中，既有硝烟烽火的战争场面，也有鲜活生动的生活场景，还有个人思想进步变化的过程。我被这本兼具文学性、史实性、可读性的书牢牢吸引了，不自觉地进入情节中，感情和心情随着书中的主人公的命运和经历跌宕起伏、不能自已。读着读着，通常会忘了吃饭睡觉，欲罢不能。

历史是最好的教科书，从这本书中，我们不仅能读到作为我军众多英雄战士代表的李延培的英雄事迹，还可以更加系统直观地了解我军南征北战的艰辛历程。我郑重地向大家推荐这本好书，希望通过此书进一步缅怀革命先烈的丰功伟绩，传承红色基因，赓续红色血脉，树立崇尚英雄、学习英雄、关爱英雄的良好风尚，珍惜来之不易的和平幸福生活，为实现中华民族伟大复兴的中国梦不断贡献力量！

是为序。

中国人民解放军军事科学院研究员　褚银

2021年12月于北京

前　言

在波澜壮阔的中国革命战争中，有着千千万万个浴血奋战、勇敢无畏的战斗英烈和英雄群体，为战胜日本帝国主义和国民党反动派，建立社会主义新中国做出了重大贡献，谱写了感天动地、气壮山河的壮丽史诗。天下艰难际，时势造英雄，在这些英雄人物中，有这样一位从陕北黄土高原走出来的战士。他在戎马倥偬的军旅生活中，先后当过儿童团员、游击队员、赤卫队员、红军战士、八路军战士、新四军战士、解放军战士；从儿童团员、赤卫队长、班长、排长、连长、营长到团长；从土地革命、抗日战争、解放战争到抗美援朝；从陕甘宁、晋冀鲁、豫皖苏到东三省……可谓身经百战、屡立奇功，但却又不争功名、默默奉献。他身经东征、西征、平型关战役、奇袭威县、漳南战役、秦西圩战斗、解放“两淮”、义县保卫战、四平战役、三下江南、解放长春、鄂伦春剿匪等大小数百次战斗。他是血战平型关负伤不下火线的英雄排长，是攻克淮阴名震苏北的先锋虎将，是坚守义县掩护主力的阻击能手，是冒死上山劝降匪帮的孤胆英雄。他和他的战友们的战斗经历就是一部中国人民解放军军史和中国革命战争史的缩影，他的名字和战绩出现在许多军史、战史、回忆录和文章报道中。他，就是本书的主人公——李延培。

第一章　山河风雷激荡

一、革命火种

1932年的一天，陕北清涧。

扑簌而来的北风吹打着满山枯黄的蒿草，在一座小山峁上，站着一名少年，他个头不高、身板精瘦，但精神头十足，此时他两眼圆睁，全神贯注地望着前面山下的路，他就是正在放哨的东拉河乡儿童团员李延培。

1917年，李延培出生于清涧县的东拉河这个贫穷小山村。古名宽州的清涧县位于黄河陕晋峡谷的西岸，是陕西榆林东南与延安的交界地带。而东拉河所在的地方山连山、沟连沟，交通不便、经济落后。李延培家是一个贫困户，几辈子都是种地为生，祖父和父亲还经常给别人家打零工贴补生活。在李延培幼时的记忆中，家里最大的“财产”就是两孔土窑洞和20亩石子山地。由于自然条件恶劣，还经常遇到大灾，庄稼收成非常不好，日子过得和周边的秃山野岭一样恓惶。

李延培和弟弟小时候就很懂事，虽然不能下地干活，但都会帮家里干些力所能及的活计，村里人都夸他：“真是个懂事的孩子！”到了八九岁时，李延培就可以帮忙种地、放羊，成了村里有名的“小羊倌”。

单调、贫苦的日子就这样过着，但发生在清涧的一件大事，对李延培的人生轨迹造成了巨大的影响。

1927年10月，共产党员唐澍、李象九、谢子长等在中共陕西省委领导下发动了清涧起义，这是中共陕西省委领导下的一次武装暴动，起义部队3个多月先后转战清涧、延川、延长、宜川、韩城、安定、安塞、保安等县，最多发展到1000多人。虽然由于敌我力量悬殊，起义最后失败，但它打响了西北地区革命武装反抗国民党反动派的第一枪，在陕北这片广袤的黄土地上播撒下了革命的火种，也在李延培这个年仅10岁的孩子平静的心头激起了涟漪。

从此，苦孩子李延培就开始关心外面的世界，向往红色革命，不断追求进步。1932年，他报名参加了东拉河乡少年儿童团——儿童团是当时我党建立的少年儿童革命组织——成为革命的小帮手。加入这个少儿革命组织后，15岁的李延培显现出了一定的组织能力，经常带领一帮孩子在村口站岗，在峁上放哨，扮成放羊娃去侦察收集敌情，协助盘查可疑人员，很快便当上了乡儿童团团长。这下子他的革命热情更高了，还经常组织小伙伴帮着赤卫队和农会贴标语、搞运动，革命斗争经验也越来越丰富了。他报名参加了赤卫队，不久又成为赤卫队队长，带领队员们做支前工作。1934年3月，积极肯干、能力超强、做事严谨细致的李延培参加了苏维埃政府工作，两个月后，因为表现优异，他正式加入了中国共产主义青年团，过了5个月又担任团小组长、支书、副乡长等职。

李延培热心“闹红”（干革命），成了村里的“名人”和“忙人”。许多人发现，经常早出晚归的李延培后腰鼓鼓的，像别了什么东西。有村民就悄悄地说：“那娃娃腰里别着把手枪哩，我看见过，是真家伙！”弟弟听说了，缠着哥哥要看枪，李延培就悄悄地把弟弟拉到窑洞里，取下那“家伙”让他看，哪里是什么手枪，原来是红布包着的笤帚疙瘩！

“我咋能有真枪呢，这是吓唬人的！”李延培告诉弟弟，弟兄俩偷偷地笑了一阵。到了晚上睡觉时，李延培便会把假枪解下来，小心翼翼地压到枕头底下。如此这般，除了弟弟知道实情，村里人都被蒙住了，对李延培也多了几分羡慕和敬畏。

少年李延培心中一直有着当战士、上战场、杀敌人的梦想。1935年3月，17岁的李延培参加了白雪山游击队。这支部队是以陕北红军游击队二支队队长白雪山的名字命名的，白雪山和战友们长期在清涧、绥德一带开展革命斗争，建立红色村庄。他还在谢子长指挥下和陕北红军游击队一起战斗，粉碎了国民党军对陕北革命根据地的第一次反革命“围剿”，1934年9月4日，白雪山在清涧土黄梁战斗中不幸壮烈牺牲。李延培为加入这样一支革命队伍感到自豪，更为高兴的是，他终于有了一杆属于自己的真正的枪。

在白雪山游击队，李延培先后参加了解放安塞、靖边的战斗。但是，真正的战场不同于在儿童团和苏维埃政府工作，战火硝烟、尸横遍地的场景让刚上战场的李延培大受惊吓。

战斗结束后，看到失魂落魄的李延培坐在那里哭鼻子发呆，班长杨士梅走了过来，坐在他身边开导说：“战斗就是这样你死我活。要是打一次仗就哭一次，你的眼泪很快就哭干了。我开始也和你一样害怕，你已经很勇敢了，很快就会习惯的。”

班长的话给了李延培很大的鼓舞。在随后的战斗中，他跟着杨士梅前进、冲锋，学习领会战术要领，培养胆气和豪情。一次次战斗，一点点提高，李延培在战火洗礼中逐渐变得刚强、冷静，作战也越来越勇敢，成了令敌人生畏的“下山虎”。

二、红星闪闪

经过一段游击队的战斗生活，李延培终于实现了最终愿望。1935年8月，他带着本乡12名青年队员加入了中国工农红军第26军，军帽上有了一颗闪闪的红星。这标志着他成了一名真正的红军战士。

红26军是西北地区第一支由党中央授予正式番号的正规红军队伍。1932年12月成立之初，只组建了第42师第2团团部。1933年6月，又将渭北、富平游击队改编为红26军第4团。1933年11月，正式组成红26军第42师及其师部。1934年秋，红26军又先后组建了第1团、第2团。他们和地方游击队一起开展武装革命斗争，先后创建了照金革命根据地、南梁革命根据地，成立了陕甘边苏维埃工农民主政权，粉碎了敌人的第一次大规模军事“围剿”。1934年，红26军同红27军并肩作战，粉碎了国民党军对陕甘边和陕北两块苏区发动的第二次大规模军事“围剿”，解放了延长、延川、安定、靖边、安塞、保安等6座县城，在陕甘20余县建立了工农民主政权，使陕甘边和陕北两块根据地连成一片，形成了土地革命战争后期唯一保存完整的红色根据地——西北革命根据地。它是中共中央和各路北上红军长征的落脚点，也是八路军三大主力奔赴抗日前线的出发点。

李延培参加的就是这支在中国革命历史中做出了巨大贡献，有着重要地位的光荣红军部队。最初他加入的是红26军补充师，后来进入红42师。在这里，李延培经受了考验、增长了才干，革命觉悟和军事素养有了再一次的快速提高。他随部队先后参加了慕家塬、定仙堨战斗。他机智灵活、英勇果敢的表现得到了战友们的赞扬，逐渐成长为一名合格的革命战士。

永坪镇，地处延安市延川县西北部。唐武德二年（619年），取永久平安之意得名永平堡，后来演变为“永坪”这个名字。这个当年并不起眼的小镇因为三支红军队伍会师从此驰名中外。1935年9月16日，李延培所在的红26军，以及陕北兄弟红军红27军，在永坪镇与从鄂豫皖根据地出发长征到达陕北的中国工农红军第25军胜利会师，西北地区的红军力量得到壮大。9月18日，三军合编为红15军团，全军团7000余人。红26军被改编为第78师，李延培成了红15军团的一名战士。

鉴于红25军已经到达陕甘苏区，中共中央率领陕甘支队正向陕甘地区开进的情况，蒋介石部署展开对陕甘苏区的第三次军事“围剿”。面对气势汹汹的敌人，红15军团采取了先歼灭敌一部、然后集中兵力各个歼灭敌人的策略，先后发动了劳山战役、榆林桥战斗、直罗镇战役，用胜利迎接党中央和中央红军。李延培也在一次次血与火的战斗中不断淬炼、洗礼、成长。

位于鄜县（现富县，古称鄜州）南10公里的榆林桥面水背山，周边丘陵沟壑纵横，是洛川、鄜县通往延安的必经之路，东北军第107师第619团在此固守。为了拔掉这颗威胁很大的钉子，刚经历过劳山战役的红15军团决定乘敌工事尚未完成、队伍立足未稳之际将其消灭。李延培所在的第78师第232团随军团主力连夜突击行军，逼近榆林桥。

李延培当时年龄小、个子矮，步枪几乎和自己一般高，身上的棉衣裤又肥又长，行军时一会儿被裤腿绊倒，一会儿又被枪托磕到，弄得腿上青一块紫一块，但他咬紧牙关坚持奔跑，始终没有掉队，终于和战友们按时赶到了进攻地点。

10月25日拂晓，进攻榆林桥的战斗打响了。李延培所在的第78师第232团在消灭了洛河西垲子山的敌人后，由西向东涉水向榆林桥据点发起进攻。河水浸透了李延培的棉裤，他感到双腿冰凉沉重，在水中每迈一步都艰难无比，但他咬紧牙关端枪呐喊着冲在前面。部队突破了敌人的防御冲入榆林桥镇，经过逐窑逐屋的争夺战，全歼守敌4个营，毙伤敌300余人，俘敌1800余人，缴获82迫击炮、轻重机枪及大量长短枪支，取得了战斗的胜利。

劳山、榆林桥两战给敌军以沉重打击，迫使其向北撤退，为彻底粉碎国民党第三次军事“围剿”，巩固和扩大陕甘苏区，迎接党中央和中央红军的到来创造了有利条件。

1935年10月19日，中共中央率领中国工农红军陕甘支队顺利到达陕甘苏区西部的吴起镇，宣告党中央和红1方面军主力历时1年、纵横11省、行程二万五千里的长征胜利结束。

1935年10月20日，直罗镇战役打响了。在红1方面军统一指挥下，红1军团、红15军团对据守直罗镇的敌第57军第109师发起进攻。第78师以部分兵力堵住敌军向东的去路，第232团协同红75师歼灭南山之敌后突入镇内，李延培和战友们像猛虎一样朝敌人扑去，枪弹手榴弹齐发，刺刀刀刀见红。国民党军在猛烈攻势下彻底土崩瓦解，第109师师长牛元峰被击毙，红军消灭东北军一个师又一个团，毙敌1000余人，俘虏5367人，缴枪3500余支（挺），取得了直罗镇战役的胜利，巩固了陕甘革命根据地，为中共中央把全国革命的大本营放在西北举行了“奠基礼”。

11月，李延培所在的红15军团归入红1方面军序列。

三、东渡 东渡

瓦窑堡是陕北名堡，享有“天下堡，瓦窑堡”之誉。1935年12月，中共中央在瓦窑堡召开政治局会议，通过《中央关于目前形势与党的任务的决议》，把国内战争同民族战争结合起来，确定“打通抗日路线”“巩固、扩大现有苏区”作为红军的军事部署和作战行动基点，面向山西和绥远等省发展，并提出“抗日反蒋、渡河东征”的口号，中共中央决定红1方面军以中国人民红军抗日先锋军的名义渡黄河东征，建立广泛的抗日民族统一战线。

1936年2月20日，东征战役全面展开，按照中央指示，红军从北起绥德的沟口、南到清涧的河口百余里的渡口同时出发，以夜行战术渡河东进。

“明月黄河夜，寒沙似战场。奔流聒地响，平野到天荒。”明代诗人李流芳的诗句是黄河舟中夜行人的真实写照。虽已到冬末春初，但黄河依然透着浓浓寒意，此时也有了阵阵肃杀之气。第一次远行征战的李延培抱着枪，坐在船上，看着船边滚滚东流的河水，望着黑森森的对岸，心中充满着战斗的渴望。红15军团作为右路军由辛关渡趁夜强渡黄河。李延培和战友们渡河登岸，突破了黄河天险，与兄弟部队一起攻击前行，长驱东进。

东征之战117天时间，红军以锐不可当之势转战山西50余县，击破了晋军30多个团的围追堵截，共歼敌13000余人，俘敌4000余人，组织地方游击队，建立县、乡、村苏维埃政权，发展地方党组织，播撒抗日革命火种。李延培在他的自述中回忆道："在党的正确领导下，和敌人对峙一年之久。因为有群众的拥护，地形的熟悉，百姓的政治觉悟提高，积极地参加军队与政府工作，从而取得了一个又一个的胜利。国民党除了大部分给歼灭外，其他都逃往陕西以南。青年人很多都参加了红军，由于不分日夜，日晒风吹地和敌人拼命追打……在山西已快要打到阎锡山的老巢太原了。"

东征战役时，李延培已经是红15军团第78师第232团4连一名副班长了。他既是一名意志坚强的战斗员，又是为人忠厚的班组带头人。战斗中他总是一马当先冲锋在前，撤退时又负责断后掩护战友。行军时给班里年龄小体格弱的战士背枪和粮袋，宿营时无微不至地照顾伤员病号，大家熟睡了，他还在查铺放哨。班里的战士们都亲切地叫他"李班妇"。他虽然还不是党员，但时时刻刻都在以一名共产党员的标准要求自己。

1936年4月的一天，一个消息传来，让李延培和战友们如惊雷贯顶、悲痛不已。陕北红军的创始人刘志丹将军在攻打山西吕梁柳林县三交镇的战斗中不幸中弹牺牲，年仅34岁。乍闻噩耗，李延培呆怔在那里，双目失神，过了许久，一声嘶号从咽喉中迸出。他双手掩面、双肩剧烈颤抖，情绪几乎失控。是啊，刘志丹是红26军的老首长，也是他的老领导。在儿童团时，他就听人们唱过这样的民歌："正月里，是新年，陕北出了个刘志丹；刘志丹来是清官，他带队伍上横山，一心要共产……"参加红26军后，他经常听战士们讲刘军长的故事。在李延培心目中，刘志丹是大英雄，是红军的战神。现在，他们敬重的英雄竟然永远离开他们了，这个事实实在令人难以接受。

这件事在李延培心中留下了巨大的阴影，也激发了他对反动派的仇恨，战斗中他更加勇猛了，他要以刘志丹为榜样，为革命事业洒一腔热血。在以后漫长的战斗生涯中，李延培一直延续着“拼命三郎”的性格，这和刘志丹牺牲带给他的影响有着很大的关系。

红军在东征战役中通过灵活机动的作战有力地打击了阎锡山的部队，扩大了红军影响，但由于敌人力量依然强大，红军在取得了一定战果后收兵回撤，李延培也随部队回到了陕北这片他熟悉的黄土地。东征带给他的影响是巨大的，后来李延培四处征战，一直没有回过清涧老家，直到解放前夕，才在东北工作地沈阳第一次见到了已长成10多岁大姑娘的女儿，得知她只有小名没大名，就给她取名“李东征”，可见东征战役带给他的难以磨灭的记忆。

1936年8月，部队撤销青年团组织，将表现较好的团员转入党内。在班长杨士梅介绍下，李延培加入党组织，成为一名光荣的中国共产党党员，实现了他的愿望。党组织给他的评价是：作战勇敢，在革命斗争中政治思想觉悟和文化水平都有很大的提高。

第二章　红旗漫卷西风

一、攻城杀敌

1936年5月18日至7月底，红1方面军组成西方野战军出师西征，打击陕甘苏区西边的宁夏军阀。李延培随部队出征，还先后参加了克定边、夺盐池、山城堡伏击歼敌等一系列战斗。

红军东征回师陕北后，蒋介石又调集16个师另3个旅的兵力，准备对陕甘根据地发动新的“进剿”。中共中央根据全国的政治、军事形势和陕甘苏区的情况，确定党在今后的政治任务是扩大和巩固革命大本营，扩大红军，努力争取西北抗日力量的大联合。于是组成左、中、右三路西征兵团，进攻宁夏军阀马鸿逵、马鸿斌部，李延培所在的红15军团为右路。西征红军相继攻占甘肃东部部分城镇和陕西西北部，一直进逼到宁夏盐池、豫旺、同心城一带，俘敌2000余人，开辟了纵横200多公里的新根据地，并与陕甘老根据地连成一片。

刚从东征战场回到陕北的红15军团在延川王家坪进行休整，很快又接到命令紧急开拔，奔赴西征前线。李延培此时在第78师侦察队担任班长，他和战友们经永坪、蟠龙之间到达了靖边的新城堡。部队先佯攻宁夏（今银川），再分左右两翼西进，先后围困定边东部的安边城，进占定边的

“西南大门”红柳沟，占领宁夏的同心城，随后往西经过毛乌素沙漠进军宁条梁。

毛乌素沙漠位于陕西省榆林市长城一线以北，面积达4万多平方公里。放眼望去，到处都是无边无垠的大小沙丘、连绵不绝的灌木丛林和数不尽的枯枝烂叶，当然最多的还是肆无忌惮的滚滚狂沙。这里除了荒凉还是荒凉，足以将所有的希望统统埋葬。

李延培虽然生在陕北长在陕北，但这还是第一次进到沙漠腹地，眼前荒凉的景象令他震惊，也生出许多感慨。沙漠地里行军无比艰难，脚下是滚滚黄沙，双脚根本吃不上劲。前面人的脚印立马会被松软的流沙埋住，后面的人只能看到一个浅浅的小坑。战士们如果掉了队，看不到脚印，加上风沙弥漫视线差，不是迷路就是和大部队失散，落单后非常危险。李延培虽然是把爬山好手，但还从未在沙海里这样艰难地跋涉过，心里也很紧张。有时候步履踉跄，只好把长枪当拐杖，戳到沙堆里起到一点儿辅助的作用。

经过沙漠强行军，部队终于到达了宁条梁。宁条梁是靖边西部偏北靠近内蒙古的一个小镇，因昔日曾是一条长满柠条的圪梁而得名。李延培和战友们一个突袭，攻占了半个镇子，消灭了一部分国民党地方武装，缴获了不少军用物资。宁条梁镇十分荒凉，因为处在沙漠之地，许多房屋都被沙土埋了一半。部队不许骚扰民众，就露天休息。李延培他们在沙漠中走了几天，疲惫不堪，直接往地上一躺就呼呼睡着了。

炊事班做好了饭，司务长出来大喊：“同志们，开饭啦!”让他诧异的是，四周无人回答，甚至看不到一个人影。司务长急了，又连声喊叫，一不小心，脚下被什么东西绊了一下，那东西猛地坐了起来，原来是李延培，不过他从头到脚全都是沙土，接着沙地里一个个黄色的“土人”也都坐了起来。原来这里风大沙密，睡觉的战士们都被“活埋”了，一个个成了黄沙做成的“兵马俑”。看着大家沙头土脸的样子，司务长是又好笑又心疼。

1936年6月16日，李延培所在的部队快速进军，直逼定边县城，拉开了西征战役第二阶段作战的序幕。

位于陕甘宁蒙四省交界处的定边县是陕西西北门户，也是榆林的西大门，有着“三秦要塞”之称，战略地位十分重要。第78师师长命令师侦察队摸清敌情，于是，李延培带领几个战士趁着夜色，悄悄抵近城池侦察。经过一番打探，他们得知城内驻军共有马鸿逵部一个骑兵营，再加上一个县保安团。保安团属于地方武装，是作为警察力量的重要补充而设立的，欺负一下老百姓还行，但战斗力实在不怎么样。面对兵临城下的红军，马部守军既不甘心弃城而走，也不敢主动挑衅，只想僵持下去等待援军。

但是，摆在红军面前的问题是，定边城墙虽然高度有限但十分坚固，必须找到攻城的好方法才能减少伤亡。就在此时，红军总部从西征第二阶段歼灭“二马”有生力量的战略考虑，来电要求第78师放弃进攻坚城，按原计划继续前进。但第78师师长和政委认为，不攻下定边，总有后顾之忧。而且敌人准备不够，信心也不足，拿下城池把握很大。一旦错过这个机会，将来再攻肯定要付出更大代价。于是，他们一面电报总部及红15军团首长，请求袭击定边，一边命令李延培带领侦察队再次进行详细侦察，为攻城做好准备。

为了更便于指挥，师长将师部指挥所设在城南离城墙不远的龙王庙内，第232团和李延培所在的侦察队在城北率先发起攻击，第233团、第234团在东、西、南三个方向展开助攻和佯攻。

夜晚，总攻开始了，我军在嘹亮的军号声中潮水般涌向城墙。由于李延培带领侦察班预先摸清了敌人的兵力部署和火力配备，因此战斗进行得比较顺利。此时，李延培和与他年龄相仿的十几岁的青年战士组成突击队冲在前面，在机枪的掩护下，他们强攀云梯往上攀爬。李延培和七八个战士登上北城垛枪猛射，手榴弹齐发，敌保安团团长赵永清见势不妙，大喊：

“撤！撤！”带领手下往南城逃去。17日拂晓，第78师3个团主力部队纷纷攻入城内，两个小时后，马鸿逵部1个骑兵连及县保安团全部被歼，我军一举攻克定边城。

定边的解放极大鼓舞了第78师指战员的士气，在攻坚战斗中出色完成侦察任务的李延培也充满了胜利的喜悦。

两天后，第78师经过短暂休整，马不停蹄向40多公里外的盐池开进。盐池是宁夏东部著名的滩羊产区，境内有20多个天然盐湖，盐池之名由此而来。第78师指战员们展开急行军，很快就到达了盐池城外1.5公里处集结。

而在红军进攻定边时，盐池城内也在紧急布防。马鸿逵的新7师骑兵第1旅第2团第1营从惠安堡和大水坑方向驰援进入城内，守军还四处抓差抢修城防工事，运输弹药和其他军需物资。等第78师进抵盐池时，守敌已紧闭城门，居高临下准备负隅顽抗，城头还亮起了许多盏照明灯，将城外的开阔地照得亮如白昼。

面对这种情况，第78师召开了“诸葛亮会”，进行县城攻坚战的安排部署。指战员们劲头十足，决心攻下城池、杀敌立功。

1936年6月19日，夜幕笼罩下的盐池城一片寂静，但大家都知道，那是暴风雨前的片刻宁静。突然，一发红色信号弹腾空而起，我军的进攻开始了。轻重机枪进行了点射，击灭了城头上的照明灯，突击部队趁着城下短暂的黑暗，在火力掩护下快速冲到城墙下搭起云梯，战士们一个个奋勇争先登上梯子向城头攀去。但快到城头时，他们发现了意外的情况，原来我军准备的云梯长度和城墙高度相比短了一截，够不到城头。敌军见状拼命射击，一个个红军战士中弹摔下云梯。后续部队被密集的弹雨压制在城外开阔地无法增援上来，我军没有重炮，也缺乏爆破器材，面对坚固的城墙难以打开突破口。加上战士们长途行军体力消耗很大，只能交叉掩护暂时后撤，第一次进攻宣告失败，我军只能对盐池进行严密的监视和包围。

第二天，第78师首长召集各级指挥员研究攻城策略，大家想了很多点子，但都不得要领。这时，门外传来一声“报告!”随后，满脸尘土的李延培走了进来。

师长问道：“李班长，你们有什么新发现?”

李延培回答：“报告首长，我们对城四面都进行了详细侦察，盐池城外三面地势都比较开阔，强攻很困难。但城北外有几间敌人还没来得及拆除的民房，我们可以在房顶布置火力点，掩护部队进攻。”

师首长知道这一情况后，立刻再次进行了勘察，随后调整了进攻策略，并决定再次采用主攻和佯攻相结合的战术。李延培所在的第232团在城北担任主攻，第233团和第234团分别在城南城东进行助攻，吸引分散守敌力量。同时对云梯进行加长，还组织了一支特殊的掷弹队，全师进行了全面战斗动员。

当天22时，我军发起第二次进攻。全师所有的重机枪集中在城北那几间民房顶上，利用高度对城墙上的敌人进行覆盖式射击。李延培利用时机带领3个掷弹队快速冲到城下，把手榴弹的弹柄用绳子捆住，拉响爆破拉环，再用手抓住绳子抡了一圈，像扔链球一样把手榴弹扔到城墙上。随着轰轰的一阵炸响，一挺挺敌人的轻重机枪被炸毁。第232团的战士们趁势奋勇登上城墙，连续击退敌人3次反扑，随后向城内穿插挺进。

更多的战士们呐喊着冲了上来，李延培和战友们在城内与敌军展开了巷战。巷战也叫街巷争夺战，是在城市或大型村庄内街巷之间进行的逐街逐屋战斗，敌我短兵相接，展开近身肉搏，这显然是勇敢善战的红军的强项。经过3个小时激战，守军全面崩盘，红军击毙了敌县长、公安局长、骑兵营营长。第二天拂晓，残敌逃进一处坚固的院子里进行最后顽抗，我军首先展开政治攻势，但这股顽固的敌人拒绝缴械投降，李延培和战友们齐喊：“一、二、三!”把一颗颗手榴弹扔进院内。又有几名敌军被炸死，残敌无奈之下只好举手投降。至此，我军胜利攻克盐池城。

盐池之战，我军毙伤俘虏敌新7师骑兵第1旅援兵，以及盐池保安团、武装警察、商团、民团等部共1000多人，缴获400余匹战马、一部50瓦电台以及大量枪支弹药和作战物资。此战是劣势装备下的红军打赢的一场城市攻坚战，也为西征红军解决了给养问题。

二、英雄际会

在距甘肃省庆阳市环县45公里的山城乡，有一座山城堡战役纪念馆。平坦开阔的大广场上，可以看到由红1方面军、红2方面军、红4方面军三个方面军的旗帜组成的“山城堡大捷”巨型雕塑，广场中央矗立着28米高的山城堡战役纪念碑。纪念馆内以文字、图片、文物、雕塑、蜡像、沙盘和仿真声光电等形式，展示了发生在1936年11月的那场大战。

漫漫丝绸古道、滔滔黄河之滨、巍巍屈吴山下，有一座千年古镇——打拉池。1936年10月23日，长途征战而来的红军总部、红军大学与红4方面军部分部队到达打拉池，同红军西方野战军司令部及红15军团会师。久别的战友重逢，欢呼拥抱、感慨落泪，一派喜庆景象。

看到这些历经千辛万苦的兄弟部队战士，李延培的心里很不是滋味。红4方面军战士中的许多人深秋时节还穿着单衣和短裤，光脚穿着草鞋，一些女兵拄着棍子艰难行进。李延培所在部队为红4方面军准备了许多慰问品，上级还号召每人自己动手织两双羊毛袜子送给兄弟部队。俗话说：“穷人的孩子早当家。”出身贫苦家庭的李延培从小就学会了许多活计，这些自然难不倒他。他用一根带钩的粗木棍绑成工具打毛线，又找来一把竹子制成的梳头用的旧篦子，拆下上面的两块竹片，破成几根竹棍，再用刀刮成竹签。有了这个土工具，他的袜子很快就织成了，大家一看这玩意儿好使，都抢着去用，李延培就耐心地教他们使用方法。

1936年10月下旬，红1方面军、红2方面军、红4方面军三个方面军在甘肃会宁和宁夏将台堡胜利会师，汇聚成更为强大的力量，也结束了具有伟大历史意义的长征。此时蒋介石妄图趁红2方面军、红4方面军刚到陕甘宁边区立足未稳之际一举歼灭红军。他在位于甘肃省平凉的“陇口要冲”静宁以及会宁地区，集中了包括胡宗南的第1军、王均的第3军、毛炳文的第37军、王以哲的第67军，以及何柱国的骑兵军在内的5个军兵力，分四路向红军进击。

红军根据中央军委指示，采取了逐次转移、诱敌深入、分类施策的作战方针，集中优势兵力对蒋介石嫡系部队予以歼灭。李延培所在的红15军团又一次作为主力部队被派往山城堡一线，准备和兄弟部队一起给敌军以致命一击。

1936年11月，胡宗南部自恃强悍，分左、中、右三路向盐池、甜水堡、山城堡方向进攻。右路第78师向萌城至山城堡大道之间的古城堡孤军推进，妄图迂回萌城侧后截击红军。红军制定了先打敌第78师，再向西北横扫敌第2旅的作战方案。我军迅速向山城堡南北地区集中。敌第78师发觉红军主力向洪德城和环县方向运动，命令部队向山城堡方向追击。11月19日，红军总部下达了在山城堡歼灭国民党右路第78师的命令。

山城堡是一个小山村，这里位于毛乌素沙漠和黄土高原过渡带的沟壑区，这一带山连着梁、梁连着峁，川塬交错纵横，地势非常险要，十分利于埋兵设伏。针对敌情和地形情况，红军做出部署：红2方面军、红28军阻击援敌，李延培所在的红15军团和红1军团、红4军和红31军埋伏在山城堡东、南、北地区，负责围歼敌第78师主力，一张大网已经张开，就等鱼儿前来自投罗网了。

部队在山城堡一带设伏，除了应对敌军，还要经受自然环境的考验。战士们要饮水要吃饭，但这里的河水又苦又咸，也难以筹集粮食，于是，炊事班发明了一种就地取材的战地野食——荞麦粥。所谓荞麦粥，就是一锅河水煮带皮荞麦，这种“粥”味道不好，又苦又涩又硬，实在难以下咽。李延培和战友们喝一口，先吐掉荞麦皮，再不停地用牙把生硬的荞麦粒嚼个半烂，最后再使劲咽下去。吃了以后，嘴发苦，肚子发胀，还容易引起便秘。虽然大家吃得很费劲很痛苦，但比起野菜树皮还是要好点，为了养好体力杀敌，就当是美味佳肴吧。

1936年11月20日，骄横的敌第78师大摇大摆进占了山城堡，并准备继续向东攻击。11月21日，收网的时机到了，这是一个胜利的日子。当天晚上，暮色沉沉，天空一片晦暗，埋伏在附近的第232团与红军各部一起对山城堡之敌发动了猛烈攻击。突如其来的袭击让敌第78师师长丁德隆慌了手脚，急忙命令组织抵抗，但红军已经像势不可当的洪水一样涌了过来，敌军防线全线告急。李延培和突击组在夜色和火力掩护下冲向敌防守阵地，把一个个坚固的碉堡炸毁。红军从南、东、北三面攻入山城堡。敌第78师见大势已去，便向山城堡以北的山地逃窜。我军如下山猛虎乘胜追击，敌军大部被压缩在了山城堡西北的一片山谷中。

我军对包围圈中的敌人展开总攻，红军战士一阵猛冲猛打，很快就冲入敌阵，喊杀声响彻山谷。李延培和战友们同敌人展开了近身肉搏，但夜晚时分天色黑暗，对面只见人影晃动，是敌是友急迫之下难以分辨，大家也不敢投掷手榴弹，害怕误伤了自己人。

这时，李延培灵机一动，大喊道：“弟兄们，狗日的国民党军帽上有青天白日徽章，咱们摸一下，有徽的就往死里打！”

战友们受了启发，黑暗中冲到近前就用手摸对方的帽子，摸到有青天白日帽徽的，就用手榴弹狠狠地砸下去，敌军一个个被砸得头破血流、东倒西歪，有的摘下帽子扔掉，玩命地奔逃。在我军的猛烈冲击下，敌军官兵东奔西突，只恨爹妈少生了两条腿。一夜激战结束，敌第78师第232旅和第234旅两个旅被全歼，红军战旗插上了硝烟还未散去的山城堡。

红旗漫卷西风，将士同庆胜利。山城堡战役是红军三大主力会师后的一次英雄际会，是三军相互配合协作取得的第一次重大军事胜利，是长征胜利结束的最后一战，也是李延培革命战斗生涯前期经历的一场难忘的战斗。

山城堡战役的胜利，给蒋介石嫡系部队以沉重打击，国民党军被迫停止了对陕甘苏区的进攻。而红军内部空前团结，同国民党东北军、西北军等部的统一战线得到巩固发展。李延培在这场战斗中冲锋陷阵、经受考验，也得到了满满的收获，他在后来的自述中写道："在这样的战斗工作环境下，我的战斗意志和战术水平得到了极大的锻炼与提高。"他对红军精妙的战术也做了如下总结："山城堡的胜利既是我军成功的歼灭战，也是我军战史上著名的侦察战、情报战、攻心战，体现了毛主席的用兵如神，是毛泽东军事思想的活教材。"

三、雪拥蓝关

蓝田，位于秦岭北麓，关中平原东南部。这里是四大名玉之一蓝田玉的原产地，素有"玉种蓝田"的美称。从蓝田往东南行进，就是华夏文明龙脉、中国地理南北分界线的秦岭。这里有一道著名的关隘——蓝田关，又称蓝关。公元819年，唐代诗人韩愈在此伫立远眺，写下了"云横秦岭家何在，雪拥蓝关马不前"的千古名句。1100多年后，李延培和他的战友们也有幸来到了大诗人曾经遥望前程、心生无限感慨的地方，他们接受的是一项重要的军事任务——保卫西安。

"西北山高水又长，男儿岂能老故乡，黄河后浪推前浪，跳上浪头干一场。"1936年12月12日，发生了震惊中外的"西安事变"。东北军将领张学良和西北军将领杨虎城在西安发动"兵谏"，扣押了蒋介石以及几十名南京国民党军政要员，并通电全国，提出"停止内战、一致抗日"等八项主张，以期达到劝谏蒋介石改变"攘外必先安内"国策，停止内战一致抗日的目的。

面对突发事变，国民党亲日派却拒绝和谈，并企图挑起更大规模的内战。身为军政部长的何应钦力主讨伐张、杨，并成立“讨逆军”，以刘峙为东路集团军总司令，顾祝同为西路集团军总司令，东西两路进逼西安，并出动空军轰炸西安近邻城市。面对战云密布、内战一触即发的紧张形势，中国共产党以中华民族大局为重，提出和平方式解决的方针，并派中共代表到西安共商正确解决西安事变的问题。经过谈判，国共双方初步达成了“停止内战、国共合作、共同抗日”的协议，西安事变得到和平解决。

西安事变发生后，中共中央命令红军主力部队南下，协助抵抗“讨逆军”进攻。李延培跟随红15军团从甘肃环县、曲子、庆阳、宁县一线南下关中进行军事策应。1937年1月10日，李延培所在的红15军团继续向东南前进来到了西安，并途经了灞桥镇。

灞桥，是西安城东的交通要道，也是著名的自然和人文景点。“灞柳风雪”是“关中八景”之一，灞河古桥、折柳伤别千百年来留下了许多动人故事。但李延培和战友们无暇流连诗情画意，他们匆匆路过，直奔蓝田县的蓝桥镇。李延培文化水平不高，并不知道韩愈和他的诗句，但风雪中驻足蓝关、南望秦岭，依然有一种天高地远、无限河山的感觉。

1937年1月15日，李延培和部队经过蓝田，从商洛黑龙口进入商县备战，准备迎击河南方向开来的国民党中央军，配合东北军和第17路军保卫西安。1937年3月，中共代表与国民党代表就国共合作、中共地位、红军改编等问题达成协议。随着“西安事变”画上圆满句号，李延培所在的红15军团第78师奉命离别商山洛水，经蓝田县和西安西郊向甘肃行进。就在北上行军途中，李延培和西安这座千年古城有了一次短暂的交集。

途经西安驻营时，部队给每人发了5毛钱作为奖励，并放假半天。李延培和战友张德胜就相约一起到西安城逛逛。二人走到城边，眼前是一条宽阔的护城河，河水泛着光波，河边长满了蒿草。过了护城河，就是高高的城墙。李延培和张德胜感慨道：“西安可比陕北和甘肃那些城大得多了，真是开了眼界了!”

进了城，他们逛了城隍庙，到易俗社“蹭”听了一会儿秦腔，又凑到茶摊上听当地人“谝闲传”，还听了陕西说书。李延培这才知道了西安以前叫长安，是汉朝唐朝的都城。唐朝时长安是世界上最大最繁华的城市，好多外国人都来到这里，许多人留下不走了，而“西安”这个名字是明朝大将徐达起的。他还知道了杨虎城、李虎臣“二虎守长安”的故事。当时刘镇华的“镇嵩军”把西安围了很久，城里饿死了很多人。后来革命军援军到来，把刘镇华赶跑了。

逛街逛饿了，李延培和张德胜吃了一碗羊肉泡馍，两个年轻小伙子饭量大，有点儿兴意未尽。走到一家小吃摊，他们盯上了一种深金色圆圆的东西，李延培便问摊主是什么东西，摊主告诉这叫“油糕”。他们越看越馋，于是李延培掏钱，二人各买了一个尝尝。张德胜迫不及待地一口咬下，结果刚出锅的热油糕糖心一下溢出来，把他的嘴和胳膊都烫了个泡，李延培指着他哈哈笑，说他是“土老帽”。张德胜回嘴反击说李延培吃羊肉泡不掰馍，直接当烧饼吃了，才真正是“土鳖”。二人说笑打闹了一番，出城返回营地。在西安的半天时间很短暂但很快乐，西安城的规模和街市的热闹给李延培留下了深刻印象。新中国成立后，他的女儿女婿也在西安成家立业、工作生活，这不能不说是一种缘分。

离开西安，部队继续向西行军，来到甘肃庆阳西峰镇驿马关驻扎。庆阳位于甘肃省最东部，地处陕甘宁三省区交界处，习称“陇东”。在河流、洪水的剥蚀切割下，这里形成了高原、梁峁、河谷、平川、山峦、斜坡兼有的地形地貌。庆阳也是革命老区，1931年，这里有了陕甘第一支革命武装——南梁游击队；1934年，西北地区第一个陕甘边区苏维埃政权——南梁政府在这里成立。以南梁为中心的陕甘边革命根据地和陕北红色苏区最后连成一片，成为土地革命后期全国“硕果仅存”的革命根据地。

在这里，部队进行5个月的大练兵大整训，并开展了各种军政文体活动。在各项体育活动中，李延培对篮球情有独钟，成了球场上的“常客”。身体精壮、步伐灵活的他很快就掌握了带球突破、三步上篮、跳跃投球等技术，并成为球队的主力。1937年5月间，红15军团举行阅兵仪式和运动大会，并同国民党中央军关麟征部第25师和东北军进行了篮球等体育比赛，李延培在场上左冲右突，投球上篮，十分活跃。经过一番激烈对抗，红军队取得了比赛胜利，李延培和队友们也高兴了好一阵子。从此，篮球作为李延培最喜爱的运动项目，一直伴随到他去世。

第三章　抗战烽火燎原

一、誓师赴前线

在陕西泾阳县城以北10公里，有个一直以来寂寂无名的小镇——云阳。由于它位于冶峪河口冲积扇上，因而古称水冲城。又因为北面的嵯峨山上终年祥云缭绕，所以镇子得名云阳。

20世纪30年代，这里成为陕甘宁边区的前沿哨所和天然屏障。当年，红军总部和中共陕西省委就驻扎在云阳。这里还是红军改编和开赴抗日前线誓师大会的举办地，也被称为八路军抗日救国的出发地。这座小镇因此而名声大噪，也在中国革命史上书写下了浓墨重彩的一笔。

1937年7月7日，“七七事变”爆发，中国掀起了全面抗战的大潮，中共中央也致电国民党和南京国民政府，表示红军将士以抗日救国为职志，愿立即改名为国民革命军，请缨杀敌，作为抗日先锋与日寇决一死战。广大红军指战员也纷纷写请战书、决心书，要求尽早开赴抗日前线，杀敌救国。

同年8月，在蒋介石接受我党关于建立抗日民族统一战线的正确主张后，中共中央革命军事委员会宣布，根据国共两党达成的协议，中国工农红军改名为国民革命军第八路军（简称八路军），接受国民政府改编，全军下辖第115师、第120师、第129师三个师，即日开赴抗日前线。

红军改编为国民革命军，却使许多指战员的情绪产生了较大的波动，很多战士文化程度低，思想觉悟不高，对国内革命战争转为抗日民族统一战线的新形势认识不够。李延培听到身边一些战士说："俺们当红军就是为了打倒国民党反动派，现在怎么自己也成了国民党的军队了？"还有的说："蒋介石搞得我们家破人亡，杀了我们那么多亲人和战友，现在却想要指挥我们，想什么呢！"李延培也和大家一样，认为虽然红军现在有了合法地位，也能够东进抗日、上阵杀敌了，但改编为国民党军队，穿上国民党军的衣服，把红五角星换成青天白日的帽徽，自己感情上难以接受。

思想有了疙瘩，行动上自然会出问题。有的连、排干部十分消极，少数战士甚至丢下枪跑回家种田去了。驻地群众的思想情绪也受到影响，一些老百姓对我党军队的性质产生了怀疑和误会，有的惊慌失措，四下打听消息。那几天，关中大地阴雨连绵，李延培和战友们的心情就像天气一样灰暗。他们抱着红军军帽，眼泪从眼眶中涌出，夹杂着雨水顺着脸庞滑落，还有一些人禁不住掩面痛哭。

针对这种情绪，部队各级领导和政工部门开展了耐心细致的思想教育工作，他们告诉大家，红军已经进入一个新的阶段，面对外敌入侵，现在我们面前的敌人已经不是国民党，而是日本帝国主义。红军改编是建立抗日民族统一战线，挽救国家民族危亡的英明决策。虽然军帽上的帽徽是白的，可我们的心永远是红的。红军可以改变番号，但中国共产党的绝对领导不能变。红军虽然放弃了自己用血与火铸造的光荣称号，却实现了抗日救国的宏愿。

经过卓有成效的思想教育工作，大家心里的疙瘩解开了，情绪稳定了，认识也得到了很大的提高。李延培在讨论中动情地说："咱们这是为了救中国，就暂时告别红军的帽子吧。不管穿什么衣服、戴什么帽徽，我们永远都是红军战士，要红到骨头里、红在心里。"

大家也纷纷表示，日本侵略者残杀我们的兄弟姐妹，毁坏我们的庄稼房屋，要灭亡我们的国家。我们为了民族，为了国家，为了同胞，为了子孙，要听党话、跟党走，坚决抗战到底，成为抗日民族解放战争最坚强的战士。

让李延培和战友们高兴的是，他们每个人都领到了八路军政治部颁发的“红军十年艰苦奋斗”奖章。指战员们按要求换了装，紧张愉快地投入出征前的军训和政治学习中。他们还同驻地老百姓开展谈心活动，召开群众大会、张贴宣传标语，广泛开展宣传工作，说明改编后的八路军仍然是人民子弟兵。大家一起振臂高呼：“打倒日本帝国主义！中国共产党万岁！”“红军万岁！八路军万岁！”

李延培所在的第78师第232团改编为国民革命军第八路军第115师第344旅第687团，李延培在第2营第6连担任排长。8月25日，第344旅作为第115师的第二梯队从三原先期出发了。1937年9月1日，八路军总部和第115师一部在云阳召开了红军改编和开赴抗日前线誓师大会，三原东关操场也设立分会场。因为当时习惯上把云阳称“三原云阳镇”，因此又称“三原誓师”。在今天三原县体育馆前的广场，有一座中国工农红军三原改编出征抗日纪念碑，远远看去，碑身呈现“八”字造型，代表“国民革命军第八路军”；纪念碑高37.8米，寓意红军主力部队1937年8月完成改编；碑体形状为合聚起来的3把大刀，象征八路军三个主力师第115师、第120师和第129师。纪念碑两侧镌刻有官兵策马冲锋和挥舞战旗的浮雕，再现了八路军慷慨奔赴抗日前线的场景。

1937年8月31日，第344旅经富平、澄城、合阳，来到了韩城县以南的芝川镇。芝川历史文化悠久，镇南有汉代史学家司马迁的墓祠。芝川还是陕西入晋的重要渡口，东隔黄河天堑与山西万荣相望。战国时，秦晋、秦魏多次在此争战，秦末楚汉争霸时，韩信从此渡河大破魏军。

在统一指挥下，李延培和战友们乘木船从芝川渡过了黄河，9月2日到达了山西侯马（曲沃）。在这里，他们登上了火车，沿着同蒲铁路继续北上。

同蒲铁路北起山西大同，经朔州、太原、临汾、运城等地至风陵渡，是山西军阀阎锡山组织晋绥兵工修建的一条贯穿山西省中部的干线铁路，它以太原为界，又分为北同蒲铁路和南同蒲铁路。因为同蒲路是轨距为1米的窄轨铁路，加上机车牵引力小、路基也高低不平，所以火车的速度较慢，走走停停。尽管如此，也让连汽车都没坐过的李延培新奇不已。坐在车上，他顾不上睡觉休息，眼睛不停地朝车两边张望。沿途的风景令他感到新鲜，高兴时居然偷偷哼起了陕北民歌。

火车行进途中，八路军指战员感受到了广大百姓的抗日热情。沿途群众拥到铁路两侧，拿着吃的喝的等慰问品欢迎八路军将士。大家齐声高喊“誓死不当亡国奴”“欢送八路军上前线杀敌”等口号。突然，一阵阵歌声从车窗外传来：

我的家在东北松花江上
那里有森林煤矿
还有那漫山遍野的大豆高粱
我的家在东北松花江上
那里有我的同胞
还有那衰老的爹娘
……

青年学生眼含热泪唱起《松花江上》，歌声悲伤悠远，令人动容。李延培的眼睛湿润了，他仿佛看到了在日寇铁蹄下苦苦挣扎着的同胞的惨象。他握紧了枪，和大家一起高呼“打倒日本帝国主义!”“杀敌救国、报仇雪耻!”同时暗下决心，要在战斗中多杀鬼子，保家卫国。

1937年9月4日，第344旅旅部和李延培所在的第687团在原平下了火车，开始徒步向晋东北挺进。走着走着，李延培的心情渐渐由兴奋变得阴郁了。他看到了漫山遍野的从前线撤下的国民党军队，他们丢靴甩帽、队形散乱、溃不成军，和八路军部队形成了逆向而行、泾渭分明的两股洪流。那些国民党士兵见到八路军的行进方向都感到不能理解："我们国军几十万正规部队都挡不住日军，你们手里那些土枪土炮能顶得住吗？"

国民党溃兵的悲观情绪和"恐日症"给一些指战员心理带来了一定的消极影响。旅首长和各级指挥员及时深入连队谈话动员，李延培也对战士们说："那些国民党兵被吓破胆了，日本鬼子也是长着一个头两只手，有甚可怕的？见到他们，咱们就是一句话，狠狠地揍！"大家的信心逐渐增强了，情绪也高昂起来，一时间嘹亮的红军军歌在山谷间回荡。

二、浴血平型关

八路军东渡黄河北进抗日，必须要打好第一仗，做到首战必胜，以鼓舞士气、扬我军威。李延培和战友们也都憋着一股劲，要和小鬼子好好干一场。那么，这第一仗怎么打？又在哪里打呢？经过认真勘察和谋划，第115师把作战地点选在了平型关。

平型关位于山西省繁峙县境内，它的地形酷似一只瓶子，所以古时称为瓶形寨，金时又叫瓶形镇。明朝万历年间，朝廷曾在此设重兵把守，清代时名为平型岭关，后称为平型关。这里群峰环抱、山势险要，关口十分狭窄，道路崎岖难行，还有无数纵横交错的溪涧。

八路军把伏击阵地确定在灵丘县境内白崖台附近的一条峡谷。整条峡谷蜿蜒曲折，两侧陡峭如削，从上面俯瞰谷底，令人头晕目眩。从军事角度看，这里是打伏击的绝好之地，也成了八路军展现胜者英姿的舞台。为配合第二战区正面战场友军防御作战，第115师集中优势兵力在此设伏，他们要等待的"猎物"，就是号称日本"钢军"的板垣征四郎第5师团第21

旅团一部及辎重车队，一场载入抗战史册的成功伏击战即将展开。

出发之前，部队要求大家抓紧时间睡一觉，但大家翻来覆去，实在无法入眠。李延培坐在营房外一块石头上，点着一支烟思索着。副排长走过来坐在他身边。

李延培问道："你怎么不睡会儿？"

副排长说："咱这是第一次跟日本人交手，稍微有点儿紧张，睡不着。"

李延培淡淡地笑了笑说："说实话我也有一点点紧张，但咱们都是老兵了，要把所有劲都攒起来。这第一仗咱们一定要打好。"

副排长攥了攥拳说："对，一定要打得漂漂亮亮的！"

1937年9月24日午夜，李延培和战友们向预设伏地点进发了。天空中布满了黑云，星星全躲了起来，四周一片黑漆漆的，山岳、河流、树木、石块都隐没在黑暗中，部队行军，后面的人几乎看不见前面的人。突然，天空中惊雷炸响，一道闪电划破夜空，瞬间映照出大山的轮廓，接着，滂沱的骤雨瓢泼般倾注而下。战士们没有雨具，很快都成了落汤鸡。大家在崎岖泥泞的山路上顶风冒雨摸索着前进，黑暗中只能听到唰唰的雨声、哗哗的流水声，还有脚踩在泥水里的嗒嗒声，以及水壶敲打在枪膛上的当当声。

雨很大，而且一刻不停地下。豆大的雨点打在脸上一阵阵生疼，头发上、额头上流下的雨水眯住了眼睛。战士们的衣服、背包、子弹带全淋透了，又湿又沉地贴在身上，整个人就像刚从河水里捞出来一样。寒冷的秋风阵阵袭来，直吹入人的五脏六腑，又像一把把尖刀刺入骨髓。李延培禁不住打起了哆嗦，上下牙齿碰得"咯咯"响，他感觉两腿冻得几乎失去了知觉，人只剩下了一具麻木的躯壳。不能倒下！要坚持住！一定要按时到达，决不能拖部队的后腿！李延培用坚强的意志刺激着自己，口中大喊了一声，浑身的劲又鼓了起来。他不住地招呼着前后的战友，给他们打气，夺过体弱战士的枪自己背上。就这样，大家互相搀扶、互相鼓励，用坚强的毅力坚持前行。

天空微微泛出了几丝亮光，肆虐了一夜的大雨也渐渐停歇了，一条小河横亘在队伍面前，这里离伏击地点只有五到十里的路程了。“快点过河!”团长大声命令，战士们一个个下到了河中。

突然，河水水位暴涨起来，因为一夜大雨，山洪暴发了。原先只没到膝盖的河水转眼到了胸口。“大家手拉手，抓紧点!”李延培喊着，战士们把胳膊挽在一起，抵抗滚滚而下的湍急水流，终于艰难地渡过了白崖台河。

9月25日拂晓前，部队终于到达平型关东北灵丘县境内的预伏地域白崖台。这里的峡谷蜿蜒曲折，西南侧有一处雨水长期冲刷形成的沟壑险隘，名叫乔沟。整个沟道长约5公里，放眼望去，沟内没有任何可以躲藏之处。沟两边是高达20米左右如刀削斧劈般的陡崖，沟底有一条勉强能通过一辆汽车的土路，这条路是从河北涞源到山西太原的公路，是日军前往太原的必经之地，也是伏击战的重点区域。经过一夜风雨侵袭的李延培和战士们又冷又饿，浑身上下全是黄泥汤，士气依然很高昂。大家顾不上休息和吃饭，紧急构筑阵地，弹上膛刀出鞘，趴在冰凉的阵地上待命突击。

八路军第115师的作战部署是这样的：一部占领关沟至老爷庙一线南侧高地，对敌先头部队进行“拦头”截击；一部占领老爷庙至小寨村一线南侧高地，分割公路之敌，实施中间“斩腰”突击；一部在蔡家峪、西沟村和东河南镇一线断敌退路；一部在灵丘至涞源、广灵之间阻击“打援”，整体对日军进行分割、包围、歼灭。

1937年9月25日清晨，寂静的山谷传来了阵阵车马喧嚣声，“鬼子来了!”李延培像一只狩猎的豹子，两只眼睛机警地望向远方。只见日军车队最前面走着二十几个尖兵，其中一个高举着一面太阳旗，后面几十米是3路纵队的日本兵，再后面就是100多辆汽车和200多辆辎重大车组成的车队，包含了板垣征四郎第5军第21旅团第42联队一个大队，运送补给的日军第6兵站汽车队两个中队，以及一个骑兵小队。他们由东向西，慢慢腾腾地进入了乔沟峡谷公路。

日军第6兵站汽车队队长新庄淳坐在前面卡车的驾驶楼里，漫不经心地打着瞌睡，对他而言这不过是一次乏味无趣而又平静的长途行军。是啊，自抗战爆发以来，中国国民党政府的军队屡战屡败，在狂傲的鬼子看来，中国军队战斗力很弱，不堪一击，日本军队用不了多少时间就能解决中国问题，现在还有什么人敢对他们发起挑战呢？可他们万万没想到的是，一支装备简陋，但意志坚定、纪律严明、战斗力强的共产党领导的八路军部队已经布下了十面埋伏，正准备给他们以毁灭性的打击。

早上7时，突然三发信号弹“砰砰砰”地升上天空，平型关伏击战打响了。各团突然同时开火，步枪、机枪、手榴弹、迫击炮齐发，对进入伏击圈的敌人发起猛攻。李延培和战友们猛烈射击，手榴弹像冰雹一样倾泻而下，落在日军车队中，硝烟弥漫，枪声、喊杀声和爆炸声响彻山谷。

日军猝不及防，20分钟内，就有20多辆汽车被炸中，滚滚浓烟升腾起来，火苗也蹿了出来。前面的几辆汽车瘫痪在山脚下，后面的汽车撞了上来，整个车队前进不得、后退不能。公路上的日军面对猝然而来的打击成了活靶子，新庄淳队长也被当场击毙。日军毕竟训练有素，一阵混乱过后，开始三人一组，背靠背突围。躲到汽车底下的日军也开始进入战斗状态，组织火力反扑。

李延培大声对排里的战士们说：“鬼子武器好、火力凶猛，咱们就和他们近战。冲上去用手榴弹、刺刀和鬼子干，让他们死也不能当个囫囵鬼！”他随即大吼一声：“冲啊！杀啊！”举着大刀带头冲出战壕，身边的战士们紧随其后冲上去。我军各部勇猛出击，将日军分割成为数段，敌我双方展开了激烈的白刃格斗。

如果当时有一架今天的无人航拍机从平型关战场上飞过，就能看到这样一片震撼的景象：八路军战士和日军像灰、黄两股激流碰撞在一起，混合到一处，展开了拼死搏杀。这是血与肉的拼杀，是中华儿女与日本法西斯的一场殊死较量。到处刀光剑影、枪声不断，嘶吼声、撞击声、爆炸声响成一片。战斗是惨烈的，八路军战士前赴后继、勇往直前。子弹打光了就扔手榴弹，手榴弹打光了就拿刺刀捅，刺刀断了就用枪托砸，枪托折了就捡起石头继续战斗。排长牺牲了，班长顶上，班长倒下了，战士接着指挥。激斗中，李延培对上了一个小个子日本兵，这家伙动作灵活，拼刺技术很强。他大叫一声一个直刺，李延培用刀背磕开三八步枪，来了个缠头裹脑大斜劈，一刀把日本兵砍翻在地。这时他身上已经负了伤，但顾不上包扎伤口，忍着疼痛又举刀向日军冲了过去。

骄横的日军从来没有遇见过这么勇猛的军队，面对悍不畏死的攻击，他们渐渐抵抗不住，只有步步后退。八路军战士大喊："缴枪不杀！八路军优待俘虏！"然而，这些日本兵不仅听不懂中国话，而且还顽固抵抗拒不投降，我军伤亡也很大。此时，双方都杀红了眼，谁也不能松一点儿劲。我军一些连排虽然已伤亡过半，可大家只有一个念头：拼了！坚持到底就是胜利！

就在战斗进行到白热化的时候，双方都发现了一个重要的战场制高点——老爷庙，并为此展开了激烈争夺，也使这里成为整个平型关战斗最激烈的地点。

老爷庙是明代修建的一座关帝庙，当地人俗称老爷庙，它位于乔沟中部西侧山岭一片东西长200米、南北宽260米的老爷岭高地上。几公里长的乔沟地形险要，两边基本上都是十几米或者几十米高的陡峭土崖，只有老爷庙附近有一条小沟岔，沟岔左面土坡的坡度相对较缓。老爷庙就如同一只扼住乔沟咽喉的手掌，只要拿下老爷庙，我军就可以占据有利地形，居高临下消灭敌人。

之前，我军为了避免暴露目标，没有提前占领老爷庙，乔沟伏击战打响后，由于我军没有把握好时机，装备精良的日军孤注一掷，冲上高地抢占了老爷庙。所幸这支敌军主要属于辎重部队，对山地战战术不甚了解，抢占制高点的兵力不多。于是我军一部绕到老爷岭北边高地，居高临下突然发起攻击，打掉了日军机枪手，并进行两面突击，李延培所在的第687团同兄弟团包抄过来，歼灭了沟底的日军，夺下了老爷庙。

老爷庙成为作战双方必争的关键之地，谁占据它谁就能掌握战场局势。负隅顽抗的日军再次派兵争夺这个制高点，我军严阵以待，展开阻击。

一股拥有优势火力的日军从侧面凶猛冲击老爷庙阵地，战况变得吃紧起来，师部命令第687团抽出李延培所在的第2营第6连进行阻击。这个连的成员同李延培一样，大多数都是曾跟随刘志丹东征西战的陕北汉子。接受任务后，第6连指战员快速向山下运动，占领了有利地形。日军狂喊着向前冲来，机枪、迫击炮弹打得阵地土石飞溅。李延培他们等敌人靠近时猛烈开火，枪弹齐发，接连打退敌人几次冲锋。

眼见攻击受阻，急于占领老爷庙的日军又组织五六百人再次发起猛攻，他们还招来飞机贴着山头飞行进行空中火力支援。关键时刻，我军各团从老爷岭高地三路冲击，歼灭了沟底的日军，至此，我军完全控制了老爷庙。

老爷庙之战使我军完全控制了平型关战场的形势，随之第687团主力也将日军辎重车队围困起来痛揍。13时，第115师发动了最后的进攻，负隅顽抗的日军在多路打击下成了瓮中之鳖，平型关战役以我军的最后胜利而告终。

沉静下来的战场呈现的是无比惨烈的一幕。长长的山沟里，一辆辆日军汽车或瘫痪或倾倒，许多依然在燃烧冒烟。汽车上、车轮下、公路上，到处都是横七竖八的鬼子尸体。枪支弹药、装备、被服、粮食、饼干……扔得遍地都是。乔沟之战共伏击歼敌1000余人，击毁汽车100余辆，缴获一大批辎重和武器。

在平型关战斗中，还有一场插曲，李延培和战友们在包抄行动中缴获了一份日军绝密作战图，并差一点儿生擒日军第21旅团旅团长三浦敏事。

1937年9月25日下午，战斗接近尾声时，第687团第2营奉命增援第

685团，肃清东泡池残敌。接受命令后，李延培和战友们快速迂回占领团城口东北侧的大、小寒水岭，对东泡池之敌形成后翼包抄之势。黄昏，面临八路军几个方向围攻的日军放弃东泡池仓皇逃跑，李延培和战友们冲进日军第21旅团的指挥所，旅团长三浦敏事和指挥所日军军官们提前一步落荒逃走，但墙上挂的一幅作战图没来得及摘走，成了我军的战利品。这张作战图上不仅绘有日军攻击平型关、雁门关、保定及津浦路的战斗部署、部队番号等，还有整个华北作战计划标示，有着极高的军事价值。

平型关大捷是八路军出师抗日以来首战告捷的作战，也是全国抗战开始以来中国军队取得的第一次大胜利，它打破了侵华日军不可战胜的神话，打击了侵华日军的气焰，鼓舞了全国军民的抗战士气。第115师一战成名，提高了中国共产党和八路军的声威，产生了极大的国际国内影响。英国记者詹姆斯·贝特兰在《每日先驱报》上发表评论："一部分进攻的日军在平型关遭受惨败，那是一种山地上的运动战，但它展开了中国抗战的新局面。"

平型关战役中，我军也付出了较大牺牲，原有90多人的第687团第2营第6连只剩下30人。第二天打扫战场，李延培发现了一个和他很要好的陕北老乡的遗体，这名战友年龄不大，满脸的稚气还未脱尽，还没有实现自己的梦想就永远倒在了战场上。李延培清楚地记得他曾用很重的陕北口音对自己说："哥，要是我死了，看在乡亲的面上，千万给我挖个坑埋了。"李延培强忍泪水掩埋了战友，在坟前立了块石头当墓碑，轻声说："你安安静静地睡吧，我会多杀几个鬼子给你报仇。"

平型关战斗结束后，日军川岸兵团和平汉线日军第20师团两路进逼太原，国民党军队退往忻口组织抵抗，整个晋东北地区就沦为敌占区。为配合国民党卫立煌第14集团军正面防御，第687团第2营随部队挺进敌后袭扰，牵制日军南进。

1937年10月15日，李延培所在的第6连奉命和第7连袭击团城口，他们进抵团城口时却未发现敌军的踪影，营长命令继续搜索追击。第二天拂晓，李延培他们在前进中突然发现了敌情，山下公路有400多名日军在大摇大摆行军。第6连迅速投入战斗，日军用机关枪、掷弹筒朝山上射击，步兵发起疯狂反击，欲乘我军立足未稳一举消灭。李延培和战友们居高临下，用排枪和手榴弹顽强阻击，打退了日军10余次进攻，给敌人造成了很大伤亡，全营主力也迅速靠拢支援。日军见形势不利，便放弃进攻向后撤退，第2营乘胜向平型关方向继续追击，在当天夜里再次攻占平型关，这就是通常所说的“二夺平型关”。

在平型关战场，李延培浴血奋战、不怕牺牲、冲锋在前，两次受伤不下火线，被称为“英雄排长”。战后，他被任命为第687团卫生队支部书记，伤愈归队后，又被任命为第687团通信连副指导员。

青山依旧在，几度夕阳红，平型关大战已成历史，但经过炮火洗礼的战场依然留存着李延培等八路军战士浴血奋战、打击侵略者的战斗印记。聂荣臻元帅的《忆平型关大捷》一诗记录了当年八路军的“抗日第一仗”：

集思上寨运良筹，敢举烽烟解国忧。
潇潇夜雨洗兵马，殷殷热血固金瓯。
东渡黄河第一战，威扫敌倭青史流。
常抚皓首忆旧事，夜眺燕北几春秋。

今天，在山西省大同市灵丘县爱国主义教育示范基地平型关大捷纪念馆，一座“平型关大捷纪念碑”矗立在人们面前，荡气回肠的碑文讲述着那段难忘的历史故事。人们来到战斗旧址参观、学习，赓续红色历史，传承红色基因。

第四章　晋冀战斗岁月

一、乔装端据点

从三原誓师抗日到挺进山西，从平型关大战到进军冀西，李延培一直战斗在八路军第115师第344旅第687团。而在1937年年底，李延培却离开了第687团，一度还跟随团队离开第115师到了第129师。

1937年12月中旬，第344旅进驻冀西平山地区打击日军，建立根据地。平山地区位于太行山东麓、石家庄以西，包括河北平山、井陉、获鹿、灵寿等县，是平汉铁路和正太铁路的要冲。在平山这片土地，李延培和战友们深入广大乡村放手发动群众，建立基层党组织，并组建起一批地方游击队和游击小组。而此时，为扩大队伍加强力量，适应对敌斗争新形势需要，八路军总部命令：新组建第344旅第689团，第344旅中原红15军团第78师的人员全部进入新团，职务不变，李延培自然也在其中，于是他按照命令到第689团报到。

1937年12月18日，第689团成立大会在河北平山县郭苏镇西柏坡召开。全团共辖3个营：第1营由李延培所在的第687团第2营（原第78师第232团）编成；第2营由第688团第2营（原第78师第233团）编成；第3营由原第78师第234团人员编成。从此，第689团开始了征战之旅，取得了一个又一个胜利。

1938年1月，平型关战斗后连遭打击的日军从井陉、平山两地兵分两路进犯，企图合击我军，新组建的第689团负责阻击平山来犯之敌。团首长决定，夺取敌军必经的战斗要冲孟耳庄据点，完成旅部交给的阻敌任务。

就在这场战斗中，外表硬朗、刚毅、浑身上下充满男子汉气概的李延培又展现出了他有勇有谋的一面，面对坚固的日军据点，他化装成农妇吸引敌人，最终与战友端掉了鬼子炮楼。

孟耳庄日军巢穴是典型的日军据点布局，炮楼周边围有砖墙，砖墙外有壕沟，壕沟上有吊桥，防守十分严密。据点内据守的日军因为长期得不到补给，就在孟耳庄村内四处抢掠，祸害村民。一次，一位老人因为拿不出粮食，被日本兵割掉了耳朵和舌头，最终惨死在了鬼子刀下。了解到这些情况的八路军战士都义愤填膺，决心攻下据点，为乡亲们报仇。

但我军没有直射火炮，连轻型迫击炮和掷弹筒也很少，在缺乏重武器的情况下，强攻势必造成较大伤亡。但军情不等人，必须尽快拿下孟耳庄。团部召集各级指挥员商议策略，始终没有太好的办法。

团长突然问坐在后面的李延培："你以前当过侦察班长，据点的地形你也看过了，有啥好主意？"

李延培站起来，犹豫了一下，说："我有个办法。"

团长忙问："啥法子？"

李延培说："咱们过来时，我看到不远的村子里有媳妇，还有女娃子。我想，咱们不能强攻，可以智取，不如借她们的衣服化装成妇女进据点，在里面动手，接应外面打进来。"

团长想了想，认为这倒是个主意，虽然风险也很大，但一时也没有什么更好的计策，不妨就按这个计划试一试，也许能收到奇效。

于是，部队从村里借了两套宽松的妇女衣服，但是谁能担当化装突袭的任务呢？这时李延培表态："我当过侦察兵，我去吧。"

众人开始给李延培“捯饬”起来，因为他个子高，大家好不容易把女人的花衣裳给套上去，再包上一块花头巾，用头巾遮住半边脸，胳膊上再挽个小筐子。看着人高马大、胡子拉碴的李延培低头缩肩，忸忸怩怩地学女人走小碎步，大家被逗得哈哈大笑。

黄昏已过，暮色慢慢降临了，李延培和另外一个小个子战士一身农村妇女打扮，做出左顾右盼、战战兢兢的样子走到庄门口。两个日本兵发现有“花姑娘”，顿时来了精神，天色昏暗之下他们也不辨真假，淫笑着跑到岗哨外，揪住两个“村妇”就拖进据点。这时，李延培和那名战士从筐子里摸出手榴弹，猛地抡起朝鬼子头上用力砸去，两个鬼子被砸得头破血流倒下了。随后李延培二人迅速控制了岗楼，埋伏在不远处的战士们见状迅速冲进据点，把几包炸药堆放在炮楼脚下，拉响了引线。“轰！轰！”几声震耳的巨响，青砖炮楼被炸塌了两个角，里面的日本兵和伪军被炸得鬼哭狼嚎、血肉横飞，第689团立刻发起冲锋，消灭了全部鬼子。孟耳庄据点就这样没费多大力气被端掉，成了八路军坚固的阻击堡垒，截击平山之敌的任务也胜利完成。战友们开玩笑地谑称“李‘大嫂’乔装夺炮楼”，平山和孟耳庄一带至今还流传着八路军乔装打扮拔据点的传奇故事。

二、毅力胜死神

在位于长治市武乡县监漳乡的八路军太行纪念馆与王家峪八路军总部旧址之间，青山绿林之中，伫立着一座“长乐村战斗纪念碑”，碑上刻有“长乐村战斗纪念碑志”，记载着李延培和战友们在这里同日寇展开血战的经历。

1938年4月，日军兵分九路，由博爱、邯郸、邢台、石家庄、阳泉、榆次、太谷、沁县、长治等地，出发围攻晋东南地区革命根据地，妄图在辽县、武乡、榆社一带消灭八路军部队主力，解除后方的威胁。

日军第108师团第117联队及配属的特种兵共3000余人首先进占了武乡，4月15日，日军向北继续进发占领了榆社县。榆社城位于浊漳河与仪川河交汇的高岗上，城不大但寺庙很多，有“半城佛地，半城民居”之说。日军到来之前，榆社军民坚壁清野、人走屋空，留下了一座空城。几千名日军在这里无法休整补给，人吃马喂都成了问题，第117联队联队长柏崎延二郎不得不下令撤离榆社，返回武乡。然而，缺乏后援的他们依然面临着被包围歼灭的危险。

见势不妙的日军纵火焚烧了具有1300余年历史的武乡古城，当天连夜向襄垣方向窜去，但八路军怎么可能放过他们呢？这片土地注定要成为这些侵略者的葬身之地。

宋代大文豪苏东坡诗云：“上党从来天下脊。”他把上党地区称为天脊，意思是高处的地方。天脊之上有一条蜿蜒绵长的河流——浊漳河，它也是长治最大的河流。先秦时，浊漳河被称为“潞”，就是水大的意思。浊漳河虽然比不上黄河汹涌奔腾，但它流经山西黄土地区，水色混浊，加上高低不同的地形地貌，许多河段也有着浊浪滔滔的气势。

日军从武乡返回襄垣，就是沿着浊漳河奔逃的。按照八路军第129师师部的命令，第386旅兵分两路追歼敌人，右路是第771团，左路则是第772团和4月10日刚从第115师划归第129师指挥的第689团，李延培当时担任第689团第1营第4连指导员。两路纵队沿浊漳河两岸的山地实施平行追击，要把这条河变为日军的伤心河、绝命河。

我军甩开“铁脚板”，一路急袭，终于追上了南逃的日军，截断了1500余人的日军后尾辎重部队，并将他们分割为几段，压缩在马家庄、里庄滩至长乐村一带的浊漳河河滩上，日军队伍乱跑乱冲死伤惨重。已经走过长乐村的日军主力见后队陷入重围，急忙调转方向，以两个大队的主力杀向戴家垴，企图解救被困人员，我军也急忙调兵遣将，要堵住回援之敌。

但就在这紧张时刻，我军的命令下达却出现了意外。第129师首长命第386旅派第689团前往戴家垴协助阻击，但因为当时八路军的基层团队并没有配备电台，电话线又被炸断，所以第689团没有接到这一命令。军情如火情，战机刻不容缓，于是第386旅旅长改派第772团第10连前往戴家垴坚守。

“垴”在方言中意为小山头，也指山岗、丘陵较平的顶部。戴家垴位于我军左翼，地势居高临下，且位置重要，一旦被日军攻占，我军左翼将被撕开一个大口子，不但歼灭被围日军的计划落空，还有被反杀的危险。因此，戴家垴一定要牢牢掌控在我军手中！

日军也非常明白这一点，他们集中炮火和兵力猛攻第10连阵地。面对十倍数量的敌人，第10连战士激战4小时，至死不退一步，最后全部壮烈牺牲，日军攻占了戴家垴。此时，战场形势面临着被逆转的巨大危险！

危难时刻显身手，就在这关键时刻，第689团紧急赶来了。李延培和第1营的战友们一个急冲锋，抢先一步占领了戴家垴北侧高地，日军见状，在凶猛的炮火掩护下向高地发起了连续攻击，李延培和战友们奋勇还击，在第2营、第3营侧射火力支援下连续打退了敌人9次进攻，日军退上戴家垴构筑工事坚守。

“必须立刻拿下戴家垴！”第689团团长发出了进攻的命令，第1营和李延培所在的第4连，以及第1连担任正面主攻的任务。

戴家垴阵地前一片枪林弹雨，日军构筑了严密的交叉火力封锁进攻道路，歪把子机枪发出“哒哒、哒哒哒、哒哒哒哒哒”有规律的射击声，迫击炮弹接二连三地炸响。李延培带领第4连战士时而匍匐前进，时而一个快速冲刺加急扑，冒着弹雨冲过开阔地，利用雨裂沟做掩护一步步向戴家垴山顶逼近。敌人火力很猛，每前进一步都非常困难，不时有八路军战士中弹倒下，第4连连长也不幸中弹牺牲。李延培眼中几乎喷出了火，他一边提醒战友们注意安全，一边脚不停歇地弯腰向前冲击。

第1排战士们突过深沟，接近了山坡梯田，突然，一股日军凶猛地扑了过来。1班班长赫真林架起捷克式机枪向敌人猛射，不幸中弹倒下。李延培大喊："快扔手榴弹！"3班班长李家才、4班班长陈子荣和战士们扬手投出一颗颗手榴弹，日军被炸得人仰马翻。李延培和第1排排长王志增利用敌人短时的慌乱和手榴弹爆炸的烟尘，带领战士们奋力呐喊，一口气冲上了戴家垴山顶主阵地。

王志增排长正在冲锋，一颗子弹击中了他，他强忍疼痛爬起来继续战斗，更多的战士也冲了上来。长期受"武士道"精神熏陶的日军被八路军勇猛无畏的精神震慑住了，他们丢下同伴的尸体龟缩到几间房屋后挣扎顽抗。李延培带领大家向敌人藏身的房屋进逼。这时，端着刺刀"哇哇"怪叫的日军从房屋两侧向我军包抄了过来。李延培和战友们冲上前去和敌人白刃相接、刺刀见红，激烈拼杀起来。

此时的戴家垴山顶上成了血肉磨盘，低沉的喊杀声、粗重的喘息声、刺刀进肉的"噗噗"声和垂死者的号叫声交织在一起。不是你死就是我亡，就是死也不放过敌人！八路军战士一个个都拼了命，4连3班班长李家才身负重伤摇摇欲倒，这时4个日军一齐扑来，李家才大喊："小鬼子，来呀！"他举枪射出最后一颗子弹击倒一名敌人，又使出最后力气一刀刺死另一个鬼子，剩下两个鬼子的刺刀捅进了他的胸膛，倒下时他依然怒睁着双眼。另一名战士负伤倒在了血泊里，两名日军扑到他跟前，他一把拉响了手榴弹，"轰"的一声，与敌人同归于尽。

部队伤亡很大，第4连暂时撤退到雨裂沟坎下面，整理弹药，为伤员包扎伤口，并请求支援。第689团集中迫击炮和轻重机枪对山上的敌人进行火力压制。随着军号吹响，李延培站起身带领战友们再次冲了上去。

突然，一枚日军手雷在不远处炸响，纷飞的弹片击中了李延培的左肩、左胸和左上臂，他倒在了地上，鲜血立时染红了军装和身下的黄土。一个战士正想去查看他的伤势，他摇摇晃晃地又站了起来，准备继续冲锋，刚迈出两步，又一头栽倒在地上。战士看他伤势严重，急忙背起他，冒着炮火往山下冲。李延培用微弱的声音说："我没事，放我下来，我还能战斗！"战士像没有听见，只是一步不停地跑。路上精疲力竭了，别的人又接力背，就这样用最快的速度把李延培送到了战地救护所。

当战地医生看到昏迷中的李延培时，不由得呆住了，只见他几乎成了一个"血人"，肩膀和手臂血肉模糊，破碎的军装和伤口粘连在了一起，脸像白纸一样没有一丝血色，呼吸像游丝一样微弱。

医生急切说："伤员失血过多，要马上手术，不然会有生命危险！"大家一起搭手，把李延培送进了手术室。

所谓的"手术室"，其实就是一间树干茅草搭起的简陋棚子。当时八路军卫生设备和药品奇缺，手术条件也很差，但时间就是生命，等不得了。手术没有麻药，医生怕李延培太疼，就用布条把他的另一只胳膊和双腿绑住，防止动弹挣扎。又把一块棉布塞进他的嘴里，小声说："你要是疼，就使劲咬，实在忍不住，可以摇头喊我们。"李延培闭着眼睛，虚弱地微微点了点头。

手术开始了，医生剪开李延培血染的军服进行止血，没有足够的酒精，就用白酒清创伤口，然后取出一枚枚弹片，再进行消毒缝合。手术进行了一个多小时，李延培牙关紧咬，豆大的汗珠从额头不住滚下，双腿微微颤抖，但他硬是死死挺住，不动一下，不吭一声，也没有摇一下头。后来发现，他浑身衣服都被汗浸湿了，嘴里的棉布也被咬透了。

手术终于做完了，也很成功。医生看着沉沉睡去的李延培，感慨地说："李指导员真是铁打的汉子。他是用顽强的生命力和坚强的毅力战胜了死神。"可是，由于一块弹片嵌得太深，难以完全清理出来，它就永远留在了李延培的身体里。

这场战斗后，部队里都传着："第689团有个李延培，做手术没打麻药，人家没有喊一声疼，就像三国时的关老爷刮骨疗毒一样，实在是了不起！"

就在李延培的手术进行时，戴家垴的战斗进入了最后的白热化阶段。黄昏时分，第689团把进攻的战士重新编组，采用正面进攻和侧面迂回的战术，并投入第二梯队。经过惨烈的拼杀，戴家垴阵地终于回到了我军手中，第689团乘胜追击，压迫敌军，稳定了战局。

攻占戴家垴后，第689团在马庄村东南进行防守，打退了日军7次冲锋。鉴于辽县日军第108师团已派出大量援兵，被围困在河谷的敌人已被消灭，第129师主力奉命撤出战斗，第689团也撤离了战场。

由于日军第108师团一部遭到毁灭性打击，其他各路敌军纷纷撤退。我根据地军民乘胜追击，相继收复武乡、辽县、沁源、高平、榆社、晋城、黎城、襄垣、长治等19座县城，晋冀豫边区抗日根据地得到巩固和扩大。

长乐村战斗虽然知名度不是很高，但它的惨烈程度并不亚于“二战”时期的硫磺岛之战和卡西诺山地战等著名战斗。此战我军歼敌1800余人，是八路军歼灭日军最多的一次战斗。第129师连同第689团也付出了伤亡800余人的代价，其中第689团伤亡500多人，近200名指战员献出了宝贵的生命，李延培也在这场战斗中身负重伤，由于及时救治而死里逃生。后来他经常拿这次经历开玩笑说：“我这条命能活下来，已经赚大了，以后什么功名都无所谓了。”

这次战斗是第129师第一次在抗战时期打的大规模运动战，八路军包括第689团在内的4个团投入野战，战斗规模超过了平型关大战，战斗的胜利对挫败日军“九路围攻”起了决定性作用。

1938年4月16日战斗结束当天，第129师发布嘉奖令，对第689团在马庄、长乐村战斗中英勇顽强、死打硬拼的大无畏精神予以嘉奖。第689团进驻榆社休整，并参加了第129师战斗总结大会。八路军总部对第689团“英勇顽强硬拼的大无畏高贵品质”提出嘉奖表扬。总结大会后，李延培由于敢打敢拼、作战勇猛被任命为第689团第1营教导员。

三、强袭震敌胆

长乐村战斗后，为配合国民党军徐州作战，牵制华北敌人兵力，1938年4月底，李延培所在的第689团奉命加入第129师组成的东进纵队，挺进平汉线以东，卫河以西，沧（州）石（家庄）线以南，漳河以北的冀南地区开展平原游击战，建立抗日民主政权。

冀南为平原地区，物产丰富，交通便利，日军视之为战略要地。冀南地区的石家庄及邢台、邯郸是日军旅团和联队指挥部所在地，其他城镇都驻有100至500人不等的日军。威县以南及运河东岸的高唐、夏津被伪军占领，成为日军的外围势力。日伪军在冀南到处烧杀奸淫抢掠，当地土匪、豪绅恶霸、反动帮会也趁机骚扰欺压百姓，无恶不作。

东进纵队进入冀南平原后，与早期挺进到这里的部队会合。他们把冀南平原对日军第一战的目标锁定在了威县，计划以进攻威县为诱饵，采取我军擅长的“围点打援”战术，待临清、平乡的敌人来援时采用运动战、伏击战予以消灭，再攻取威县。

威县地处冀南中心，是临（清）邢（台）公路的重要交通枢纽，地理位置十分重要。1937年11月，日军清水旅团一个中队130余人以及伪军部队占领了威县。这里远离铁路线，扫除这个孤立据点有着一定的有利条件。

1938年5月8日，李延培所在的第689团从南宫出发，大部队兵分几路隐蔽接近威县。按照纵队的作战部署，第689团第1营担负主攻任务，其他两个营在城外机动。在长乐村战斗攻打戴家垴时身负重伤的李延培已经提前归队了。虽然经过20多天休养，伤势好了大半，但伤口依然没有完全愈合。这次攻打威县，团里本来要求他留在后方，但李延培态度坚决，连写几份请战书，要求跟随队伍参加战斗。架不住他的软磨硬泡，团里只能勉强同意，但要求派人照顾，保证他的安全。

1938年5月10日，后来被称为“510战斗”的威县强袭攻坚战打响了。

威县城墙高大，墙体为内土外砖结构，比起土墙更为坚固，可以说易守难攻。作为第一梯队攻城的第1营1连、4连趁着夜色神不知鬼不觉地运动到墙根，悄悄架起云梯，李延培带领战士们迅捷攀上几丈高的城墙。一个伪军哨兵正在打瞌睡，战士们一拥而上缴了他的枪，并要他去骗同伙打开城门。伪军哨兵鸡啄米似的点头答应，没想到的是，那家伙跑到城门下突然大喊：“不好啦！八路进城了！”敌军慌忙开火射击，我军与守敌当即展开了对射。

形势很紧迫，眼见突袭已经不可能，李延培下令强攻，他决定采取万军中直取上将首级的战法，带领进城部队向城内猛插，目标正是日军司令部。他带领大家边与纵深的日伪军激战，边快速冲击，很快就攻到了日军司令部附近。在这里，他们受到了顽强的抵抗，日军在掷弹筒和轻重机枪掩护下组织兵力进行反扑，敌我双方展开了一场激烈的拼杀。从街道到小巷，从商铺到民房，每一处都有枪声、拼刺声。八路军打得很顽强，有的战士子弹手榴弹都打光了，就用砖头、瓦块、木棍与日军搏斗。时间一分一秒过去，残酷的巷战仍在继续，这时，城北响起了激烈的枪声，第689团第2营从城北发动进攻，吸引了一部分敌人火力。

天光已经放亮，李延培意识到，此时在敌人据守的坚城中继续作战，对擅长夜战又攻坚火力不足的我军非常不利。此时，他们面临的是城楼上居高临下的敌人火力和反扑日军的前后夹击，而且后续部队也难以大批进入增援。为避免腹背受敌和白天作战，李延培和攻进城中的连队交叉掩护撤出威县城。一部分没能及时撤出城的战士与敌人血战到下午4点，全部壮烈牺牲。

我军攻打威县本意为调出敌人援兵加以歼灭，然后再乘胜夺取县城。但当第689团发起攻击后，日军的电话线被切断无法求援。他们派去平乡求援的两名通信骑兵又被兄弟部队击毙，所以我军的“陷阱”并没有等来增援的“猎物”。但这一阴差阳错的结果并非毫无效果。威县守敌经此一击神经高度紧张，害怕被围歼的他们四门紧闭、龟缩不出，三天后干脆弃城东逃。第689团于是进驻威县，这座历经日军蹂躏的古城又回到了抗日军民手中。

威县战斗既未能全歼守敌，也没有达到“围点打援”的目的，但它让日伪军胆战心惊，在战略上和政治上产生了巨大影响。我军解放威县后不久，南和、平乡等县的日军纷纷弃城逃回邢台等据点，临清、武城、内丘等地有五六百名伪军及保安队向第689团投诚。南宫县也被我军占领，成为东进纵队司令部、冀鲁豫边区省委、冀南行政主任公署所在地。至此，我军已拥有了冀南地区20多个县，抗日根据地不断发展壮大。

威县战斗歼敌近百名，缴获大量枪械。我军伤亡350余人，有114名指战员献出了宝贵的生命。他们在倒下的那一刻还保持着战斗的姿态，准备同敌人拼杀。他们有的紧握手榴弹，有的端着上了刺刀的步枪，有的依然怒目圆睁。李延培和战友们默默地将他们放到担架上，盖上圣洁的白布。在拿下烈士的军粮袋时，李延培发现袋子里装的都是锅巴、炒黄豆和棉籽掺糠的干粮，不由得流下了热泪。

在威县攻坚战中，李延培不顾有伤在身，冲在攻城歼敌的第一线，战斗中左肩臂伤口崩裂，出现渗血发炎现象，后来将养了一阵才痊愈。而冀南群众也流传着第689团英勇杀敌的事迹：“人民军队攻威县，打败日寇把城占。英勇杀敌不畏惧，流血牺牲将身献。”

1951年5月1日，冀南行署和冀南军区修建了“一一四革命烈士陵园”，纪念碑碑文上刻着：“1938年5月10日，八路军第689团解放威县城时，光荣牺牲的114名烈士，万世流芳，永垂不朽。”提醒人们永远记住那些在威县战斗中牺牲的八路军勇士。每到清明时节，各界人士纷纷来到烈士陵园祭奠英灵、缅怀先烈。

四、铲除“六离会”

在冀南地区，李延培和战友们不仅要和凶顽的日伪军作殊死战斗，还要妥善处理与各路顽军的关系，更要耗费很大精力应对土匪、军痞等各种杂色武装和会道门。这些武装不断招兵买马、烧杀劫掠、涂炭地方，其中“六离会”就是以南宫为中心的势力最大的反动会道门组织。

“六离会”信仰八卦教，以八卦中的第六位“离”字命名，会众很多，对外号称有10万信徒，遍布南宫方圆百余里的广大乡村，势力很大。他们在各村摆香案、开香堂、拜祖师、喝神水，还用黄纸写上所谓的符字，吞入肚里，号称这样就可以“刀枪不入、驱祸避劫”，不少会众对此更是深信不疑。

“六离会”并不是单纯的会道门组织，“六离会”的头目多是流氓地痞，或是受地主控制。说到“六离会”，必须要提一下会长李耀庭，此人早年毕业于保定武备学堂，还曾担任过直系军阀部队中将旅长、武汉军警督察处处长等职，是一个野心极大的政治流氓。全面抗战爆发后，李耀庭利用冀南混乱机会不断扩充“六离会”，并勾连日寇，与八路军和抗日民众为敌，使“六离会”成为反动地方武装组织和日本侵略者的帮凶。“六离会”公然禁止“六离会”信徒参加抗日组织，还叫嚣“打进南宫城，赶走八路军”。

一开始，第129师考虑到“六离会”除了骨干之外，大部分会众实际上是受蒙蔽的普通农民，刚开始还是本着教育改造为主的宗旨，并没有采取强硬措施，但这一切却让“六离会”的头目觉得八路军软弱可欺，就在我军攻打威县的第二天，他们公然制造了“小屯张马事件”。

李延培他们是在威县战斗结束后知道这一情况的，指战员们都十分愤怒，咬牙切齿要求报仇。原来，1938年5月11日这一天，八路军津浦支队政委王育民和通信参谋黄立祥带领工作队奉命到南宫领取电台，由八路军第129师直属骑兵团一个小分队护送准备返回鲁西北。当他们走到小屯村、张马村附近时，被“六离会”人员团团围住。几百名暴徒一拥而上，当场杀害王育民等25名八路军指战员，打伤并俘获黄立祥等10人，抢走电台，只有7名骑兵战士侥幸突出重围，赶回南宫报信。

事件发生后，第129师当即以八路军东进纵队的名义给“六离会”写信，要求立即释放我被俘指战员，交出肇事凶手和被抢去的电台，赔偿我军一切损失，停止破坏抗战行为。但“六离会”对八路军的警告置若罔闻，依旧我行我素，并准备在孙村召开“庆祝大会”。为了打击他们的嚣张气焰，我军决定对这个反动会道门组织进行严惩。

师首长动员说：“同志们！在民族危急的时刻，在我们全力以赴打日寇的时候，‘六离会’不去打日本人，却在杀害抗日军人，抢我们的电台，这完全是汉奸行为。我们为了抗日大局，几次派人去做工作，他们不但不听，反而更加猖狂地进攻我们，还要开什么‘庆祝大会’，鸣炮庆功，我们能忍吗?”

心里憋了一肚子火的李延培和指战员们高喊：“不能忍！坚决打掉他们!”师首长说：“好，我们立即行动，包围‘六离会’进行缴械，有敢于抵抗的，坚决消灭!”

5月16日早上，第689团和骑兵团奉命出击，把“六离会”的庆祝会场包围了起来。

当李延培和战友们冲到会场附近时，看到的却是一幅令人啼笑皆非的场景。只见“六离会”会众们身穿红肚兜、头扎红巾，看上去红彤彤的一大片。有的人脸上还贴着朱砂符、画着油彩，口中狂呼乱叫，场面十分滑稽热闹。

“八路来了，打死他们!”看到前来的八路军部队，“六离会”反动头目大喊着进行鼓动。会众们刚刚披了红、吞了符，又仗着人多势众，一面大喊着“刀枪不入”，一面手持梭镖大刀，还有木把上缠着红布、带倒钩的红缨枪，一窝蜂地向我军扑过来。

李延培看着黑压压的人群，没有丝毫紧张，他对身边的战士们说："这些人中许多都是老百姓，咱们先喊话，让他们后退。"于是大家齐声喊道："你们不要上当受骗！""你们这个会都是骗人的！""中国人不打中国人！""子弹不长眼睛，不可能刀枪不入的！""快点缴械投降！""八路军有优待政策"……

可是人群不为所动，仍然向我军冲来。李延培命令："开枪警告！"于是，八路军战士对空鸣枪，枪声让冲在前面的会众脚步迟疑了一下，汹涌的人流突然为之一滞。这时"六离会"头目们大叫："八路不敢开枪的！咱们有神符护佑，刀枪不入！旁边村子的会友们也来了，大家继续冲啊！"会众们又像打了鸡血一样，狂吼着扑向我军，并用长矛刺伤战士和战马。

情况紧急，在劝导警告无效的情况下，我军被迫进行自卫还击。李延培手一招，旁边的机枪手猛地扣动了扳机，其他战士也端枪射击。随着"哒哒哒""砰砰砰"一阵枪响，冲在最前头的"六离会"骨干头目和顽固分子被打得血肉横飞，骑兵团也从侧翼发起了冲击。

看到子弹真能打死人，"六离会"的会众们开始惊慌了——不是刀枪不入吗？怎么"老师傅"的符不灵了？随着一片片的人中弹倒下，这会儿傻子也弄明白了——这哪里是刀枪不入，分明是逢枪必死啊！念咒吞符喝"圣水"都不管用了，还冲个什么劲啊，赶紧逃命要紧！这些乌合之众的心理防线崩溃了，他们一个个扔掉刀枪，调转身子，撒丫子狂奔。

"不准跑！不准退！冲回去！"这时，"六离会"的"二师傅"赵冬书一边阻拦着人潮一边狂喊。李延培命令："干掉他！"战士们冲上去一阵乱枪将赵冬书击毙，众人望风而逃作鸟兽散。我军抓获了"六离会"会首李耀庭，解救出了我被扣人员，夺回了电台。

接着，我军镇压了到南宫县城滋事挑衅的"六离会"组织，彻底平息了骚乱，随后在孙村召开了万人公审大会。会上宣布取缔这个反动会道门组织，并向群众宣讲我党我军的政策，动员“六离会”中的普通百姓不要再受坏人蒙蔽，要和共产党、八路军共同抗日。李耀庭、高大奎等罪大恶极的“六离会”头目被当场枪决，声势浩大、猖獗一时的“六离会”顷刻间烟消云散了。

平定“六离会”，其他会道门组织受到了极大的震慑，他们有的自动解散帮会，有的主动与我军联系表示合作抗日，广大群众的抗日热情越发高涨。到1938年7月，李延培所在的第689团已经扩大到3000余人，成了名副其实的“加强团”。

1938年8月，按照八路军总部命令，第689团由冀南过漳河取道豫北，归建第115师。途中，他们再度配合第129师部队作战，与东进纵队、青年纵队、新1团一起参加漳南战役。他们英勇作战，歼灭了伪军苏启明、郭青部2000多人，生俘伪军司令苏启明，击毙伪军副司令及伪安阳县县长。9月上旬，歼灭伪军李台部及王自权残部共1300余人。1938年9月23日，第689团和兄弟部队一起向驻扎在汤阴西南岔河，刚被日军收编的伪军扈全禄部发起攻击。李延培带领1营率先突进扈全禄的指挥部，扈部在突然打击下溃不成军，全部被歼，旅长以下1400余人被俘，漳南战役胜利结束。

1938年年底至1939年年初，第344旅各部陆续返回晋东南，第689团驻长治、屯留一带进行整训。李延培和战友们深入学习毛泽东同志关于抗日游击战的战略方针和战术原则，加强正规战术、技术训练，政治觉悟和战术技术水平得到了很大提高。

五、巧施“地雷战”

山路上，一队日军正在开进，突然，“轰轰”几声炸响，前面几个鬼子被炸飞。大队人马慌忙往山坡下、田埂里隐蔽躲藏，但更多的爆炸声响起，鬼子被炸得人仰马翻，在民兵游击队的打击下仓皇而逃。这是电影里通常看到的场景，日伪军踏进抗日军民的“地雷阵”，成了“王八吃西瓜——滚的滚，爬的爬”。

1962年，革命战争电影《地雷战》讲述了抗日战争时期各村民兵联防运用地雷战术，歼灭进犯日寇，取得反“扫荡”胜利的故事。“鬼子少了咱就干，鬼子多了咱就转，躲在暗地打冷枪，埋好地雷远远看，叫鬼子挨打又挨炸，一个人影也看不见。”影片中的一段“顺口溜”讲述了地雷战给抗日军民带来的胜利和信心，这部电影也成为当时家喻户晓的热映战争片。

电影取材于山东海阳军民“地雷战”的真实案例，所以许多人都认为，海阳是地雷战的发明地。但在这里要告诉大家，最早系统用地雷作战的地区是太行山南部，这里才是“地雷战”的真正诞生地，而李延培也和被称为“铁西瓜”的地雷有着不解之缘。

1942年12月28日，署名刘丁的作者将“地雷战”战术概括命名并汇集成《地雷课本》。全书共分10课，第一课“总说地雷”就概述了太南地区的“地雷战”概况。当时李延培所在的第689团就在太南地区的长子、屯留一带开展斗争，他们和地方抗日武装将地雷作为对付日本鬼子的有力武器，在战斗中创造性地发明了许多战法，显示出了强大的威力，让敌人吃够了苦头。这些地雷战法在作战实践中逐渐形成了系统的战术，汇编成册后流传到其他地区时，使地雷战在广大国土上全面开花。

在抗日斗争中，八路军面对的是装备精良、训练有素、凶悍异常，又具备现代通信设备的强大敌人，硬打硬拼显然不行。李延培和战友们也深知这一点，他经常说：“敌强我弱，咱要用咱的办法对付他。”而“地雷战”，就是他们对付鬼子经常采用的一种战术。

造地雷是个技术活，也需要大量原材料。李延培和第689团官兵请来专家讲课，传授地雷制造法，同时向民间“取经”，掌握土地雷的技术。刚开始，根据地只有为数不多的铁制地雷，爆炸碎片少，杀伤力也不足。李延培和战友们就同民兵等地方武装一起自己动手造地雷，他们在地雷中加入碎石子、铁渣子等“佐料”，爆炸时石块铁渣乱飞，威力大增。火药不够，他们发动鞭炮作坊上交炸药和发火器，增加了地雷的产量。做地雷壳的生铁来源缺乏，大家就找来破铁锅、洋油桶、旧工具代替。

有了地雷，就要拿日军试试手。李延培他们部队和民兵队伍紧密配合，在日军必经道路上有计划地埋雷。他们的地雷以绊雷和踏雷为主，用拉线、绊线等方式炸响，还用一根铁丝将几个地雷串联起来，做成“连环雷”，让侵略者好好地“喝一壶”。

一天，一股日军运粮队经过山口，李延培和战友们布好了雷，在山坡上埋伏好。为了不让日军看出痕迹，他命令战士们用尘土、枯枝烂叶、脚印和牛羊粪在路上做好伪装，日军果然没有产生怀疑，大摇大摆地通过，结果一阵雷声炸响，三四个日军被当场炸死，还有几个被炸得缺胳膊少腿，他们丢下粮草辎重，狼狈而逃。

吃了地雷的苦头，日军行进时便用斥候作尖兵，工兵在前面排雷。李延培也想出了应对办法，他们时不时做些假地雷，真真假假、虚虚实实，让敌人难以分辨。他们还用陶罐和石头制造地雷，使金属探测器更难发现。伏击战时，李延培喜欢先打探雷的鬼子，他常常自己操起一支步枪，瞄准日军工兵开火，让日军队伍在雷区成为盲人瞎马。

李延培还特别喜欢将地雷战法同游击战、运动战相结合，静动相间消灭敌人。他经常安排班、小组级别的小分队进行骚扰作战，引诱敌人出动报复追击，在交通要道预先多点位埋雷，杀伤日军，用最小的代价取得最大的战果。他们还会使用围点打援等计策，调虎离山，在运动中消灭敌人。

一个雪花飘飞的黄昏，李延培带领战士闯进了下搭拉池村的“维持会”，伪维持会长见状点头哈腰地迎上来，谄媚地笑道：“八路大爷请坐，不知夜晚光临有何指教？”

李延培冷冷地说：“你们身为中国人，却替日本人做事，这笔账是不是该算一算？”

伪维持会长头上冒汗，忙不迭地说：“我们也是身不由己，但绝对是身在曹营心在汉，八路大爷有什么要求只管吩咐。”

李延培哼了一声说：“你的账以后再说，现在限你们明晚前准备4000斤军粮，我们就在这里等着运走。”

伪维持会长故作为难了一番，便满口答应下来，他假装让两个汉奸狗腿子去催粮，暗中嘱咐他们去邻近的日寇据点报告，赶紧调兵前来把八路一网打尽。殊不知这一切都在李延培掌握之中，他将计就计，故意放两个汉奸逃走。两个家伙直奔据点，报告了我军在“维持会”征粮的情况。

第二天中午，担任瞭望哨的战士跑来报信，据点里出动了上百名日伪军，直奔下搭拉池村而来，李延培立刻进行了安排部署。日军来到村子附近，发现了我军设置在山包上的假阵地，立刻用机关枪和掷弹筒发起攻击。这时，他们身后传来了激烈的枪声，李延培指挥两个连从敌人后方杀来。日军小队长急忙命令向两侧转移，寻找有利地形抵抗，谁知却一脚踏进了李延培他们布置好的地雷阵中，“轰轰……轰轰”一声声巨响，日伪军被炸得连声惨叫，队伍大乱。仅仅20多分钟的时间，就有六七十名日伪军被歼灭，只有小部分日军逃回了据点。

李延培和第689团战士还经常化装行动，引诱敌军出动，再采用游击战加“地雷战”进行打击。这些虽然不是大的歼灭战，但零敲牛皮糖的战法也让日军感到了切肤之痛。太行山区神出鬼没的八路军和无处不在的地雷，使局势渐渐向有利于我军的态势发展。日寇被伏击战和“地雷战”弄得胆战心惊、草木皆兵，干脆龟缩在碉堡和炮楼中不敢出来，广大农村和山区也就成了共产党和抗日武装的天下。

太南地区的“地雷战”虽然限于作战规模，没有像后来在冀中和胶东那样玩得花样百出，形成系统完整的战法，但依然对日本侵略军形成了不小的精神压力和心理威慑。

六、斩断运输线

在河北邯郸到山西长治的公路线上，有两个重要城市——黎城和涉县。

黎城是山西省的“东大门”，它位于长治北部，地处晋冀豫三省交界，有着“三省通衢”的称号。涉县位于河北省西南部，太行山的东麓，在黎城东南方向，和黎城一样也与晋冀豫三省交会，自古一直是商贸云集、兵家必争之地。

1939年起，华北日军一方面“扫荡”冀南根据地，一方面在晋东南集结重兵包围太行山根据地。而邯郸至长治间的邯长公路不仅将太行抗日根据地分割成南、北两部分，还是日军重要的交通运输线。而黎城和涉县正是邯长公路之间的交通要点，控制了它们，就可以斩断日军赖以运兵和运送军事物资的运输线，将日寇分割我晋东南根据地、限制我军机动的企图彻底粉碎。

1939年年底，八路军第115师第689团和第688团配合第129师在黎城和涉县一带发起黎涉战役和邯长路破击战，又称邯长战役。

12月中旬，李延培带领第689团1营在地方游击队配合下开始对一些路段进行破坏，伏击日军公路运输车队，袭击邯长公路沿途据点的敌军。日军粮弹得不到接济，彼此间交通断绝，无法互相支援，陷于孤立和困饿之中，长长的公路运输线变成了一条“死龙”。

但是，只有彻底拔掉黎城和涉县这两颗“钉子”，才能根除隐患，彻底掌握交通线。经过周密研究，我军制定了先打黎城、再取涉县的战略，并决定采用突袭战术，出其不意消灭敌人。

12月23日，李延培和第689团1营指战员从望壁方向出击，与第129师特务团分两路首先对黎城展开攻袭。下午3点，黎城攻坚战开始，嘹亮的军号声在旷野回荡。我军轻重机枪和迫击炮一起开火，精准的火力压制让守卫的敌军不断倒下，李延培带领战士们呐喊着像一阵风冲向城池，在敌军还没有完全反应过来的时候冲上了阵地。缺口打开了，更多的部队潮水般涌进黎城，守敌在一波波猛烈的攻击下伤亡惨重。晚上7点，眼看抵抗无望的残敌丢下城池逃窜，李延培带领1营战士们尾随在逃敌后面进行追击。

就在李延培和战友们沿着响堂铺至涉县公路攻击前进时，意外的情况发生了，凶猛的火力突然从公路两边高地袭来，冲在前面的战士纷纷倒下。李延培一边命令大家隐蔽，一边派出战士侦察了解敌情。原来，这是一股从涉县赶来的日军挡住了我军前进的道路。看着那吐着火舌的机枪，李延培摘下军帽狠狠地摔在地上，他命令两个排采取迂回战术，分别从公路两侧摸到日军后方进行突袭，前后夹击。高地上的日军正在疯狂射击，突然几发掷弹筒炮弹在身边轰轰炸响，机枪顿时变成了哑巴。随后，一阵弹雨袭来，包抄部队从后面猛烈进攻，李延培带队从正面发起冲击。日军撑不住了，丢下一具具尸体狼狈而逃。

12月24日夜晚，乌云遮蔽了月亮，大地蒙上了一层黑暗。突然，攻击的炮火照亮了夜空，寂静的大地喧嚣起来。经过短暂休息的我军携胜利之势对涉县发动了突袭，李延培亲自带领1营主力从西岗村分两路冲击，另一部和兄弟部队从寨上和招岗进行包抄，对涉县展开一次次英勇冲锋。

针对涉县城防不高又是泥土夯墙的情况，李延培命令准备好炸药包和集束手榴弹，由身体灵活勇敢的战士组成爆破班。营里集中火力进行掩护，爆破班战士快速冲了上去。随着一声声巨响，土墙被炸出一个大豁口，李延培大喊："立功的时候到了，冲上去！"他一马当先跃出阵地，1营战士们跟随他奋勇冲锋杀进城内。在八路军悍不畏死的进攻下，守敌的意志崩溃了，第二天早晨放弃了涉县向东溃逃。我军继续发挥衔尾猛追战术，到中午时分攻占涉县东面的井店镇，黎涉战役取得了决定性胜利，李延培所在的第689团共毙伤日军500余人，缴获各种枪支270多支。

这一仗不光收复了黎城、涉县两座县城，牢牢掐住了邯长公路日军交通运输线的命脉，还打破了日寇对太行区的分割，使太南、太北两个抗日根据地连成了一片，彻底地改变了斗争形势，而李延培的第689团1营因为在黎涉战役中的突出表现受到了表扬。

七、化装再诱敌

黎涉战役后，八路军的下一个目标就是打击驻守襄垣的日军部队。

襄垣在山西东南部，太行山的西麓，东面隔着仙堂山和黄岩山与黎城相望。比起黎城和涉县，襄垣的城墙要高大坚固一些，直接攻击难度很大。而在黎涉战役后，襄垣的日军也吓破了胆，他们躲在城中不轻易踏出一步。于是，第689团团长找来李延培，让他们想办法引蛇出洞，然后在运动战中消灭敌人有生力量。

但是，日军现在采取的是“龟不出头”的办法，要把他们引出来谈何容易。于是，李延培带着通信员和几个战士来到城外进行侦察。远处城头上，可以隐约看见日本兵晃动的身影和那片在寒风中飘摇的膏药旗。李延培坐到一处土堆上，眯缝着眼静静地想着计策。一分钟、两分钟、十分钟、半个小时……时间一点点过去，日头不知不觉已经偏西了，通信员看着苦思冥想的教导员，大气也不敢出一声。突然，李延培一拍大腿，忽地站了起来，脸上露出了喜色，他有主意了！

回到营部，李延培和团长找来各连连长、指导员商量。李延培问大家：“你们还记得孟耳庄战斗吗？”

一名连长回答：“教导员那会儿打扮成农村妇女，端掉了鬼子炮楼，当然记得了。”

李延培笑了，说：“我也是在刚才侦察时想出来的，我们可以再搞一次‘美人计’，这回是要把小鬼子骗出城来消灭。”他向大家说了他的计划：对付襄垣的鬼子，可以利用他们的禽兽特性，再次采用孟耳庄战斗的办法，用化装的“妇女”做钓饵，引敌人上钩。

于是，李延培在营中挑选出了十几个身材相对瘦小的战士，找来花衣服，给他们戴上花头巾，经过一阵打扮，一个个钢铁战士“变”成了农村小媳妇，远远瞧去，一时还真的看不出破绽。

把部队埋伏停当后，化装的战士出发了，他们假装农村“妇女”走亲戚，在襄垣城外三三两两走动。守城的日军发现了这么多“花姑娘”，大喜之下立即派出一个小队出城抢人。“妇女”们显示出惊慌的样子，向远处逃去，日军淫笑着在后面追赶。渐渐地，他们进入了1营的伏击点，李延培下令：“打！”战士们猛烈开火，手榴弹飞掷出去，日军死的死伤的伤，第1营指战员随即冲上前一通白刃拼杀，时间不长，一小队鬼子全部“玉碎”，只剩下一人当了俘虏。等到城上的日军开枪开炮“欢送”时，李延培和八路军战士们已经消失在了暮色里。

这一仗抓住了敌人的弱点，发挥了自己的长处，战斗准备充分，组织指挥十分严密。仗虽小但打得很灵活、很巧妙、很成功，李延培二度再施“乔装计”打击鬼子的事例也在第689团传为佳话。

李延培还利用日军的通信设备达到诱敌的目的。一天，他派人破坏了鬼子沿公路架设的电话线，和战士们埋伏在路两侧的树丛中等待时机。过了一阵，日军的10多名通信兵走了过来，沿着道路检查修复线路。慢慢地，他们全都进入了伏击圈，李延培举枪射击，战士们枪弹齐发，把这些通信兵全部击毙，鬼子随身携带的一部电话机也成了战利品。

战斗中，第689团的诱敌计策也越来越多。这天，李延培带领战士分别来到襄垣境内几家维持会，让暗地里同情抗日的维持会长向襄垣日军报告，八路军小股部队前来逼要粮款。做“戏”要做全套，李延培还派出侦察分队来到大池乡一个死心塌地投靠日寇的维持会，坐等筹集粮款。

收到维持会长的报告，襄垣日军决定消灭这支胆大妄为的“土八路”，他们派出一个中队的日军和两个中队的皇协军直奔大池乡而来。趴在山头草丛中的八路军观察哨看到敌人进入伏击圈，便挥动小红旗，埋伏在周围山坡上的李延培和1营指战员同时开火。大队敌军立即猛冲向枪声最响的山包，当他们爬上山头时，发现枪不响了，八路也不见了。正在四处寻找时，侧面山坡上的枪声又响了起来，日军被打得晕头转向，只好转过头来向另一个山头反扑。

但当他们在炮火掩护下好不容易爬上山坡时，发现又是空无一人，就这样，日军像无头苍蝇在几个大小山包上来回打转转。等他们精疲力竭时，我军迅速出击，分三面发起猛攻，并切断了敌军后路，打得日伪军四处乱窜、死伤无数。战斗结束，一个中队的日军大部被歼，少数仓皇逃窜，两个中队的皇协军被全部消灭。

就这样，第689团同兄弟部队一起机动灵活，不断寻找战机歼灭敌人有生力量，使日寇闻风丧胆，少数城池成了孤岛，淹没在人民战争的汪洋大海中。

1940年1月，李延培所在的部队统一编为八路军第2纵队第344旅第689团，李延培担任1营教导员。5月，他们参加了讨伐石友三的战斗。

石友三原为西北军冯玉祥部骨干将领之一，他在军阀混战和抗战时期先后多次投靠冯玉祥、阎锡山、蒋介石、汪精卫 、张学良和日本人，而又先后背叛，是一个比“三姓家奴”还反复无常的投机小人，人称“倒戈将军”。

蒋介石发动第一次“反共”高潮时，石友三部同国民党军纠集，在日军配合下猛扑太行抗日根据地，被八路军第2纵队击溃。1940年4月，石友三在冀南战斗中又遭到八路军痛击，于是转而勾结日军，准备联合消灭八路军后向日军投降。1940年5月，八路军对石友三部展开了第三次打击。

隶属于山东菏泽的东明是黄河入鲁的第一县，5月15日晚，李延培和战友们秘密渡过黄河，午夜时分向东明石友三部队发起攻击，击溃敌军，接着一路追击，将石友三赶出了鲁西南地区。战斗中共毙伤顽军2000多人，俘虏500余人，还消灭了与石友三狼狈为奸的丁树本保安旅大部，基本上肃清了冀鲁豫边区的国民党顽固派势力，使冀鲁豫边区根据地面积大为扩展。

第五章　这里是豫皖苏

一、穿越废黄河

豫皖苏边区南北从陇海路到淮河，东西自津浦线到新黄河（颍河、贾鲁河），是国民党政府与苏北国民党反共顽固派沟通联系的重要区域，也是中国共产党华北、华中两大战略区的联系纽带。

1938年9月，根据中共中央指示，新四军游击支队（又称东进支队，1939年11月改称新四军第6支队）挺进豫东开展游击战争。1939年6月底开始进军永城、夏邑、宿县、亳县、涡阳一带，与抗日武装胜利会合后又进入蚌埠、怀远、凤台、蒙城等淮上地区，开辟和建立豫皖苏抗日根据地。到1939年年底，豫皖苏抗日根据地已发展为拥有6万多平方公里土地、430余万基本区人口、24个县的坚强抗日阵地。

然而，当时豫皖苏边区面临的形势非常险恶，抗日武装处在日军、伪军、顽军及亲日反共军队犬牙交错的夹击中，斗争尖锐激烈。1940年5月，按照中央军委指示，八路军总部命第2纵队挺进豫皖苏边区，加强抗日武装力量，巩固壮大抗日根据地。5月20日，第344旅奉命往永城、涡阳、亳县地区进发，李延培也离开了战斗近3年的晋冀大地，奔向了新的战场。他所在的第689团同第344旅旅部和兄弟部队一起从定陶出发，经曹县、成武、丰县一路向南，在砀山以北通过废黄河。

1940年6月初，前卫部队到达了废黄河，李延培站在河滩上，手搭凉棚举目望去，只见河道早已干涸，黄沙泥土淤积，一片“故道黄河千里沙”的景象。

废黄河在河南省东部、江苏省北部，又名淤黄河，也叫黄河故道。汉代起，这里就有沟通黄河和淮河流域的人工沟渠。而随着年代的变化，黄土高原沙化现象越来越严重，黄河中下游的含沙量也与日俱增，河床不断增高成为地上“悬河”。生态恶化也使黄河水屡屡破堤溃出，经历着“三年两决口，百年一改道”的命运，有了“善淤、善决、善徙”的名声。公元前602年至1938年间，黄河下游共决口1590次，大的改道26次，其中6次影响巨大的改道形成了6次大迁徙。清咸丰五年（1855年），黄河决口向北改道，原来从河南兰考铜瓦厢起，经鲁西南、皖西北达江苏的旧河道干涸，成为废黄河。

1938年6月9日，国民党军队炸开花园口黄河南大堤，黄水再一次沿颍河、涡河南下，至正阳关以下入淮河，造成5.4万平方公里的黄泛区，堆积泥沙100亿吨，给黄河、也给中国老百姓带来了巨大的伤害。

穿越废黄河的部队在疏松的沙滩中行走，李延培和大家一样，没走几步双脚很快就陷入黄沙中，好不容易才能拔出脚来，鞋里很快就灌满了泥沙，每前进一米都非常艰难。一不留神，鞋子不见了，只好手伸到沙土里摸索寻找，穿好鞋后，再深一脚浅一脚赶上队伍。

露营吃饭就更麻烦了，李延培和战士们刚端上碗，一股风便卷着黄沙吹来，饭碗里的热粥转眼就铺满了一层薄薄的沙土，喝上一口牙缝里塞满了沙砾。大家无奈，只好用稀饭表面的那层薄皮隔开沙土，把嘴凑近碗边，拨开一条缝，“吱溜吱溜”地把粥吸进肚里。到了无人居住的地区，无法就地筹粮，干部战士只好以糠菜充饥果腹，坚持着向前行军。

这天下午，突然狂风大作、沙石飞扬，狂风卷着黄沙铺天盖地袭来，天地间顿时一片昏暗迷蒙，面对面都看不清人。突如其来的沙尘暴使指战员们的耳、目、口、鼻都灌进了沙粒，眼难睁、口难张、气难喘，步履维艰。

日近黄昏，风沙小了很多，但仍没有完全消停。1营进入一个小村庄休息。炊事员正喊大家吃饭时，突然侦察员跑回来向李延培报告，发现了敌情。李延培急忙来到村边土坡上观察，只见一辆装甲车在前、18辆汽车在后的日军车队向我军宿营村庄开来，估摸车上敌军人数，有400多人。李延培和营长紧急商量，决定乘敌军不备，来个突然袭击。他们立即组织部队做好战斗准备。

敌人的车队离村庄越来越近了，李延培猛地高喊一声："开火!"立刻我军枪声大作、子弹如飞。遭到突然打击的日军汽车歪停到了路上，有几辆还冒出了带火苗的浓烟。一些中弹的鬼子从车上摔下。日军指挥官"哇啦哇啦"喊叫着，命令士兵下车隐蔽，在路两边架起机枪还击。装甲车在前面开路，车上的机枪喷着火舌，步兵跟在车后向村庄阵地逼近。

李延培大喊："炸掉这个'铁王八'!"一名战士迅速把几个手榴弹捆在一起，快速向装甲车冲去。李延培急忙向机枪手喊道："火力掩护!"我军集中机枪步枪向装甲车和车后的鬼子射去。

那名战士弓着腰快速接近，离装甲车只有几米了，突然，一串子弹击中了他的腹部，战士倒在了地上。李延培狠狠地用手捶了下地，正准备再派人继续爆破，但意想不到的事情发生了，那名重伤的战士拼尽最后的力气站了起来，拉响了集束手榴弹的拉火环，踉跄着扑到装甲车上。随着"轰隆"的剧烈爆炸，装甲车被炸瘫，"铁乌龟"变成了"死乌龟"，年轻的战士也壮烈牺牲了。

失去装甲车掩护的鬼子一时慌了神，被我军的机枪打倒不少。李延培含着眼泪大喊："给战友报仇，冲啊!"战士们一跃而起，跟着李延培冲向敌军。村前的道路成了杀敌的战场，呐喊声、枪弹声在田野回荡。经过两小时的激战，日军丢下被炸坏的装甲车和几十具尸体狼狈退走，李延培和1营的战友们取得了山村遭遇战的胜利。

就这样，李延培和八路军第2纵队的指战员们一起排除万难、艰苦跋涉，穿越了废黄河，打破了敌伪匪顽、反动会道门、反动地主武装和土匪的拦截阻击，克服了断粮断水等困难，1940年6月下旬终于在安徽涡阳北的新兴集与新四军第6支队胜利会师。

1940年7月2日，八路军第2纵队与新四军第6支队正式合编为八路军第4纵队，李延培被编入第4旅第9团任1营教导员。随后，第4纵队第4旅挺进淮上地区，开展宿（县）、怀（远）、蒙（城）、凤（台）地区游击战争，扩大抗日根据地力量。

二、勇斗敌伪顽

河溜镇是距安徽怀远县以西50华里的一个镇子，涡河在镇子的北面蜿蜒流过。这里是苏、皖与中原地区的通衢要冲，并逐渐成为皖北重要的商品集散地，现在，这里也是与怀远日军对峙的最前沿。每天在镇中心空地上进行队列、刺杀、瞄准、投弹训练的一群精壮的小伙子吸引了众人的目光，这就是八路军第4纵队第4旅第9团动员组建的“子弟兵团”。

按照部队统一安排，第9团进驻河溜镇地区开展工作。李延培打仗是一把好手，发动动员群众也不甘落后，他和指战员们走家入户，宣传我党抗日主张，号召大家团结起来，取得抗战最后胜利。在他们的感召下，当地群众踊跃报名参军，有的家里兄弟几个都穿上了军装，成为光荣的八路军战士，很快，一支400多人的“子弟兵团”充实到了团主力部队中。此外，李延培和战友们还帮助附近各县成立县大队，并亲自担任教官，提高队员们的战斗素养。同时，当地的抗日民主政权建立起来了，实行减租减息，并发动军民捐钱捐粮捐衣物，赈济遭受淮河水灾的难民。这一切都得到淮上人民的欢迎和拥护，共产党和八路军的威信一天天增长。

在做好群众工作之余，第9团还利用空隙时间进行轮流整训。整训期间为活跃气氛，强身健体，部队开展了各种文体活动。要说体育项目，最受团里战士欢迎的就是篮球了。这项运动要求不高，会拍皮球会跑会投篮就行。没有球场，大家齐上阵，很快就用铁锹平整出一块空场地。没有篮架篮筐，战士们就用木棍木板制成篮架，用小孩子滚的铁环当篮筐。没有专业球衣，大家穿上粗布坎肩，甚至光着膀子就上场了。经过简单选拔，一场土法上马的简易篮球比赛开始了，镇上的大人小孩都跑来看新鲜，把球场围了个密密麻麻。

今天的比赛是李延培带领的“1营队”对“2营队”，团长一声哨响，比赛开始了，李延培带领队员们迅猛地向对方篮架冲去。要论篮球，李延培已经有了几年“球龄”，从庆阳整训起到现在也有好几年了，算是团里的“老队员”。他球技虽不那么专业，但在赛场上却有一股“拼命三郎”的劲头，只见他拍着皮球嗷嗷直叫、横冲直撞，就像上战场冲锋一样，时不时把对手撞得人仰马翻，当然也被团长裁判狠狠地吹了不少次犯规。比赛结束后，2营的对手使劲“抗议”：“老李太狠了，简直把我们都当成日本鬼子了！”引得观众都哈哈大笑起来。大家虽然不知道什么奥林匹克，但更高、更快、更强的精神却在赛场上大力发扬。

整训期间最重要的还是军事训练，针对淮上地区河道密集、地形复杂的特点，部队加强了河川水网地形条件下有针对性的游击战术和技战术动作演练，不断提高战斗力。同时在津浦路和淮河方向开展游击战，在实战中检验练兵成果。

1940年10月7日，第4旅第9团派部队到达唐集平阿山地区筹粮筹款，开展群众工作，并做好军事准备。在这一地区，李延培他们不仅要同日伪军和国民党顽军做斗争，还要面临当地国民党保安团、县大队和反动地主武装的挑衅。

这些地方反动武装采取两面派的手段，表面上向我军示好，暗地里却疯狂捕杀零散抗日军政人员。在这种情况下，令人震惊的“平阿山惨案”发生了。

1940年10月2日，怀远三区区委干事王宝霞到凤台县潘集乡开展妇女工作，被反动地主汪海波纠集的土匪和“红枪会”人员抓住，同时，乡党支部书记刘墨舞、老红军出身的第9团粮秣股长李华庭也落入他们的魔爪。三区区委和第9团得知消息后开展了各种营救活动，要求国民党顽固派县长李大昶和匪首汪海波以抗日大局为重，无条件放人。但这些反动分子无视我方警告，在平阿山麓汪圩湖沟头坟前枪杀了王宝霞等3人。噩耗传来，李延培和全团指战员怒火万丈、义愤填膺，发誓要为死难烈士报仇。

事件发生后，敌县大队、保安团和“红枪会”会众共四五千人在汪小集北端大山又对我军发起挑衅，狂呼大叫着向1营冲来。八路军战士严阵以待，李延培叮嘱大家：“把他们放近了，狠狠打！”等顽匪们冲到我军阵地前沿50多米处，战士们一齐开火，并迅速展开突击。这些乌合之众哪里是久经沙场老八路的对手，一番激战下来被打得丢盔弃甲。李大昶、汪海波及顽匪100多人被打死，300多人做了俘虏。

战斗结束后，三区区委和第9团在唐集召开大会，悼念在“平阿山惨案”中壮烈牺牲的三位烈士。这正是：“抗日烽火势连绵，英烈忠贞志更坚。平阿山麓捐身躯，永垂青史在人间。”

1940年11月，徐州日军沿津浦线向我宿、怀、蒙地区根据地展开大举“扫荡”。他们出动了300多步兵、2000多骑兵、80辆汽车、20辆坦克，还有两架飞机掩护。大队人马沿涡河北岸向我根据地推进，11月18日攻陷蒙城。

面对优势机械化装备的日军，第9团决定采取敌进我退、避实击虚的战法粉碎敌人的大“扫荡”。1营奉命在河溜镇前沿地区布置防线阻敌，李延培对各连连长说："小鬼子人多火力强，又有'铁王八'掩护，咱们不能和他硬拼，咱们要用游击战运动战玩死他们。"

李延培和营长命令部队交替掩护，层层设堵，消耗敌军。经过一番梯次阻击，他们利用夜色悄悄撤离了河溜镇。当日军杀气腾腾地开进镇子时，发现这里已经是一座空镇。

占领了河溜镇的日军急于寻找八路军主力决战，他们派出多股部队四处"清剿"，不想这正中了我军分散敌人力量、以便各个击破的计策。第9团以营、连为单位，采取迂回袭击等战术和日军"泡蘑菇"、兜圈子，平时各自为政，需要时集中力量歼敌。同时，李延培充分发扬了动如脱兔、势如猛虎的作战风格，他带领精干队伍有时打伏击，有时搞夜袭，指东打西、快速运动，使鬼子晕头转向、顾此失彼。

这天，李延培兴冲冲地在大树底下鼓捣起了几个"铁疙瘩"，营长凑过来问："老李，你这是在弄什么东西呢？"

李延培故作神秘地说："这可是我的秘密武器，当年在太南地区，我们就是靠这些土地雷，把鬼子炸得直叫娘呢。"

于是，李延培就把营里骨干召集起来，组成几个地雷爆破组。他们趁着夜色，神不知鬼不觉摸到河溜镇外，在交通要道埋下了地雷。第二天，日军的坦克出动了，当几辆铁家伙神气活现地喷着黑烟前进时，忽听"轰""轰"连声炸响，两辆坦克履带被炸断，瘫在了路上。这时埋伏在路边的1营战士开火射击，日军一片慌乱。等到他们组织起反击时，李延培已经带着队伍悄然撤走了。

日军对我军机动灵活的战法无可奈何，成了拳头打空气、大炮打蚊子，打又打不上，找又找不着。晚上睡觉时一会儿枪声一会儿炮声，被搞得草木皆兵、疲惫不堪。坚持了几天，他们撑不下去了，只好灰溜溜地撤走，李延培带领战士们收复了河溜镇。日军势头连连受挫，加上当地群众坚壁清野，他们在蒙城等地缺吃少粮、补给困难，只能悻悻地收兵回窜，日寇的冬季“扫荡”被根据地的抗日军民彻底粉碎了。

1941年1月6日，震惊中外的“皖南事变”发生，国民党顽固派掀起了第二次反共高潮。1月20日，中共中央军委宣布重建新四军军部，1月25日，新四军军部在盐城成立。同时将活动在陇海铁路以南的八路军、新四军部队统一整编为7个正规师另1个独立旅，全军9万余人，继续坚持长江南北敌后抗日斗争。李延培所在的八路军第4纵队第4旅第9团奉令编为新四军第4师第10旅第29团，李延培担任第29团2营特派员。

三、新年保卫战

1941年2月，一年一度的中国传统节日元宵节到来了，李延培所在的新四军第4师第10旅第29团驻扎的安徽颍上县江口集也分外热闹。

江口集就是江口镇，是颍上县“四大古镇”之一，因位于乌江入颍河口而得名。虽然处于战乱时期，但江口集的人们还是提前忙活准备着，舞龙、划旱船、推彩车、踩高跷、跑驴、醒狮、花鼓灯、大鼓书、推剧等都是江口集传统的民俗民间文化项目。作为远近有名的杂技之乡，江口的顶杆、咬花等更是具有相当高的水平，观赏性很强。但是，就在八路军准备同当地群众一起欢度新年佳节的时候，反动派的枪声却破坏了这里的欢乐祥和气氛。

2月10日凌晨时分，驻防阜阳的国民党第92军中将军长李仙洲派第142师在新渡口和龙泊渡口偷渡颍河。渡河集结后，他们沿着颍河河堤东边地带蜂拥北上，冲向江口集。枪声打破了宁静，担负防守任务的第29团指战员见是国民党军，只是向空中鸣枪示警，防止发生摩擦。但我军顾全抗日大局的行为并没有换来对方的回报，国民党军仍以两个团的兵力向我军阵地发起猛烈冲击，并打死打伤八路军战士。在忍无可忍的情况下，第29团展开自卫还击，立时枪声、手榴弹爆炸声响成一片，敌人的进攻被打退了。李延培见状带领2营展开反冲击，他率先冲出战壕，带领战士呐喊着向敌军杀去，国民党军见状各自奔逃。就这样，李延培和第29团的指战员们连续打退了敌军10多次冲锋，牢牢地把敌军挡在江口集外。

进攻受阻的国民党军于是用火炮对江口集进行狂轰，镇中一些民房和一家粮行中弹起火，火舌卷着浓烟升腾而起。

“快去救火！”李延培见状，急忙抽出部分战士回到镇中紧急灭火，抢救群众生命财产。见我军分兵救火，狡猾的敌人趁机向2营阵地发起了总攻击，形势十分危急。

李延培挽起袖子大喊：“咱们的后面就是江口集，那里有父老乡亲，我们要保护他们，死也不能后退。考验咱们的时候到了！”战士们齐喊：“誓死不退！”他们拼足精神奋力还击，敌军密密麻麻冲上了阵地，李延培抡起大刀，战士们端起上了刺刀的步枪，他们同时怒吼，同冲上来的敌军展开了生死肉搏战。

阵地上喊杀声震天动地，李延培刀光闪处，片刻间就有3个敌人倒在他的刀下。趁他刚刚放倒一个，另一个敌兵举枪刺来，李延培急忙闪身躲避，手臂被刺刀划过，血顺着指缝流了下来，他怒吼一声，一刀把那个偷袭的国民党军削去了半边脑袋，其他几个敌兵见了吓得肝胆俱裂，转头就跑。李延培简单包扎了一下，继续指挥大家战斗。

惨烈的战斗从上午10点一直持续到下午5点，2营虽然伤亡不小，但像钉子一样钉在这里，死战不退。到了黄昏时分，我军援军到来，敌军退去，接到团部命令的李延培率领全营撤出战斗。

当他们退到安全地带后，又接到了一个突然的命令，救助第10旅第28团。原来，后撤的第28团在阚疃集遭遇敌人重兵，被重重包围。围攻第28团的敌军正步步进逼，突然身后大乱，第29团杀进了战场。敌军猝不及防，包围圈被撕开一个大口子，李延培和战友们一路射击、投弹、白刃格斗，打得敌人望风躲避。他如同血战长坂坡的虎将赵子龙，硬是在敌军中杀了个七进七出，接应第28团杀出重围，安全东撤到后方。但经过几番血战，2营人员伤亡也很大。

战斗结束后，征战了一天的李延培回到营地。只见他满脸黢黑，一身硝烟，军服被子弹穿了好几个窟窿，裤子也被刺刀戳破露出了肉。但除了手臂上的皮外伤，其他部位居然完好无损，浑身上下什么零件也没缺。大家都夸赞他勇敢，他笑呵呵地用常说的那句话回答："我命硬，阎王爷还不敢收我！"因为李延培作战奋勇当先、勇敢无畏，加上又是陕北人，和明末农民起义领袖李自成是老乡，又都姓李，所以大家都叫他"李闯王"，而这个绰号也伴随着他以后的战斗岁月，而且越来越响亮。

四、救战友脱险

江口集战斗后，李延培和第29团的战友们又先后参加了马店集、半古店、罗集等战斗，尽管指战员英勇顽强、不怕牺牲，但由于敌我兵力悬殊，我军军事上整体处于不利态势。为挽回被动局面，扭转战场形势，1941年3月初，第29团按照上级部署转移到北淝河以北作战，寻机歼敌。

北淝河是淮河支流，位于涡河与浍河两流域之间，古称夏水、泓水、陂水、北淝水、北淮水。这一地区河流众多，西有顽军进逼，东北有津浦线、宿县等地的日寇不断出扰，部队处于敌顽的夹击合围中，只能在方圆15公里的范围内活动。此外，当地的土匪、"红枪会"等反动帮会和地主武装也乘机作乱。更为艰难的是战斗异常频繁，有时一昼夜战斗多达12次。加上这里不是老根据地，得不到群众支援，我军的生存环境更加恶劣，面临的局势也十分严峻。

粮食供给困难，吃饭成了大问题。李延培和战友们经常只能以红薯面菜根和树叶充饥。面对粗糙的菜根和树叶混合熬成的稀"粥"，一些年轻战士实在咽不下去。李延培捧起碗大口喝着，使劲咀嚼着那些菜根树叶，他对战士们说：“我小的时候在陕北老家，那时候经常闹饥荒，人急了还吃土哩！现在咱们能有这个吃，可是强多了。”他还轻声给大家唱起了当年的红军歌曲：“红米饭、南瓜汤，挖野菜也当粮，餐餐吃得精光。红米饭、南瓜汤，苦了累了尝一尝，它能给你增力量。”

李延培还给大家讲起了红军长征时啃树皮、嚼草根、吃皮带的故事。他说：“我听过到陕北的红军战友们说长征的故事，那会儿红军爬雪山、过草地，条件比咱们现在苦得多了。现在这饭难吃不要紧，咽下去也能顶饥哩。等咱们战胜了敌人，好吃好喝的都由他们提供。”

战士们听了，思想受到了很大触动，端着饭碗大口地吃起来，粗糙的菜根树叶“粥”咽起来似乎也不那么困难了。

在险恶的形势和艰苦的环境下，部队仍保持着高昂旺盛的士气，同敌顽进行顽强的斗争。1941年3月中旬，新四军第4师开赴津浦路东、五河以西、浍河以南、淮河以北地区活动休整，3月18日，作为先遣队的第10旅第29团2营来到了沱河。沱河又称南沱河，是淮河左岸支流。部队行进到河东岸附近时，同从濠城出发奔袭申集的日军部队突然相遇了。

面对优势敌军，不宜正面硬抗。于是李延培指挥2营迅速渡河到西岸避开敌人，好在河水不是很宽很深，部队很快渡过了沱河向南行进。可是他们发现，队伍后面又出现了一股日军，这是从园宅集方向开来的由30多辆汽车和四五百名日本兵组成的车队，这真是冤家路窄，避无可避！

看见新四军的队伍，日军汽车开足马力向我军尾随追来。此时1营的轻装步兵都在前方，骡马装备在队尾，重新调整队形部署兵力已经来不及了，狭路相逢勇者胜，遇逢强敌必亮剑！李延培当机立断，部队后卫变前卫，炮兵当尖兵。李延培急忙命令炮排准备射击，首先打掉日军车队最前面的汽车，阻止敌人快速追击。

说是炮排，其实全排只有10多个人，一门缴获日军的97式81毫米迫击炮和三具89式掷弹筒。这种81毫米迫击炮是侵华日军配备较多的一种轻型火炮，人称“小钢炮”。由于事发紧急，战士们只来得及从骡背驮子上卸下炮身和仅有的几发炮弹。两三个人当炮架扶住炮筒，用铁锹在地上挖个浅坑当座板，来不及用瞄准镜，炮手就用跳眼法人工瞄准。只见他手臂向前伸直，竖直拇指对准目标，先闭上左眼，再闭上右眼测定距离，设定好诸元，准备射击。

日军的汽车越来越近了，500米、400米、300米、200米……李延培手一挥，迫击炮首先开火，第一枚炮弹呼啸着落在敌人汽车旁边，炸起一大蓬尘土。稍微校正了一下，第二枚炮弹腾空而出，正好落在第二辆汽车上，随着一声爆炸，浓烟火光中冲出了日军凄厉的惨叫声。随后，92式掷弹筒的榴弹也落在了敌人车队中，各辆汽车上的日本兵纷纷跳车，他们在惊慌之余还是表现出了较高的战斗素养，开始组织机关枪、迫击炮、掷弹筒进行还击。2营的炮弹不多，很快就打完了。

李延培大喊：“鬼子的火力太猛，咱们冲上去和他们打近战！”在机枪掩护下，他拎着一兜手榴弹带领战士们冲了出去，离敌人的汽车越来越近了，枪弹如雨点般袭来，一个又一个战士中弹倒下了。李延培一个箭步扑到一个沟坎后面，对身边的战士说：“再往前靠近点，扔手榴弹炸狗日的。”他手中握着山西阎锡山兵工厂生产的晋造手榴弹，这种手榴弹是在德军手榴弹的基础上改良的，木柄较长，比起“边区造”来弹片多、威力大，一炸一大片。

李延培叫道：“我数三下，跟我冲。一、二、三！”借着一阵爆炸卷起的浓烟掩护，他猛然一纵而起，和几个战士以冲刺速度接近日军。奔跑中，他一个拧身，右臂奋力一抡，一颗手榴弹如赶月流星般飞向敌阵。从小放羊的李延培经常扔土坷垃圈羊，不仅练出了相当的准头，还有着过人的臂力，参加革命后他经过强化训练，投掷的距离能达到六七十米。

手榴弹“轰”的一声炸响，两三个鬼子被炸翻在地。其他战士紧接着冲刺出十几米，一颗颗手榴弹向鬼子头上飞去，一连串的爆炸声使日军阵脚大乱。2营战士抓住时机猛冲上来。23岁的营教导员不幸中弹，肚子被子弹打穿，肠子流了出来，他一把将肠子塞回去，左手捂住肚子，右手拿着枪继续冲锋，直到流尽最后一滴血，倒在前进的路上。

激战进行了3个多小时，敌我双方伤亡都很大。这时，日军援军也源源不断赶来，于是第29团向西南方向撤退，此时的战场硝烟滚滚，敌我兵力交错，我军部队建制也打乱了，只有以小队小组为单位各自突围。

李延培正准备追上队伍，突然看见一名营里的战士倒在地上，腿部受了枪伤已无法行走。四周的枪炮声越发激烈，必须立刻转移，但带着一个伤员，会大大影响速度。

决不能扔下战友！李延培没有丝毫犹豫，他要把和他生死相随的兄弟带出去。他背起那名战士，战士苦苦哀求：“特派员，不要管我了，你快走吧，不然咱俩谁也出不去。”李延培目光坚定地说：“有我在，就有你在。”他背着战友寻找突围之路。西南方向敌人很多，枪声稠密，从那里走显然已经不行了。李延培观察了一下，决定反其道而行之，两人在草丛隐蔽了一会儿，看看天色渐暗，便乘着混乱，绕到日军车队尾部，向东北方向拼命跑去。

这时，李延培枪里已经没有子弹了，身上只剩下两颗手榴弹。他分给背上的伤员一颗，自己腰间别了一颗，说：“咱们拼命也要跑出去，如果碰见鬼子，咱就用这东西送他们上西天，大家一起死，决不当俘虏！”那名战士用力点了点头，于是两人朝战场的相反方向摸去。

一路上他们下水沟、爬土坡、钻草丛、穿梢林，尽拣荒僻无人的地方走。过了很久，身后的枪炮声渐渐听不见了，他们终于脱离了险境，但也找不到大部队的踪影了。

也不知道走了多少时间，李延培已累得精疲力竭，有些虚脱的感觉，身上的衣服也被汗水湿透了。他放下战士，两人靠着田埂休息，李延培喘了一会儿气，就开始检查伤员的伤势。看着替自己包扎伤口的李延培，那名受伤的战士感激地说："李特派员，要不是你，我今天就出不来了，你就是我的救命恩人呀！"李延培一边忙一边笑着说："这有个甚，咱们是战友，要是我受伤了，你也一定会救我的。"

由于在敌后，为了躲避鬼子，两人只能昼伏夜行。饿了，李延培就挖来地里的蒲公英根、蕨菜芽充饥；渴了，他就用缸子舀点河沟里的水喂伤员；困了，他们就在树林蜷窝着睡一会儿。李延培心中只有一个念头：早点找到部队！

这天，饥渴难耐的他们冒险走进一个村子找吃的。一位大娘看到衣衫褴褛、满身血污的李延培二人，知道他们是抗日打鬼子的新四军，急忙把他们迎进家中，给他们烧水做饭。村里人听说后，有的送来吃的，有的送来衣服，还有人送来中草药。热心的小伙子们还轮流到村头放哨，防止维持会或日伪军来骚扰。感受到乡亲们的热情和对抗战的支持，李延培只有连声道谢。

过了一天，李延培谢绝了房东大娘的挽留，准备起程赶路。他一是着急归队，二是不愿麻烦老乡，三是害怕给他们带来祸害。看到李延培坚决要走，大娘拿出两个鸡蛋和几个野菜饼子塞给他们，两人各换上一身庄稼汉的衣服，化装成当地老百姓。一个村里的后生自告奋勇，给李延培当向导，带他们去天井湖寻找队伍。就这样，三个人出发了，他们爬过了座座山梁，蹚过了条条小河，穿过了道道封锁线，整整走了三天三夜，筋疲力尽的他们摸到了天井湖，找到了第29团驻地。

看到李延培竟然带着受伤战友平安归来，大家又惊又喜，营长上来就给了他一个熊抱，捶着他胸膛笑道："你小子命真大，还人模狗样地囫囵着回来啦，我们都以为你光荣了，团里还给你开了追悼会呢。不说了，回来就好，回来就好！"后来，第29团在天井湖召开了沱河战斗总结会，李延培因救助战友、机智脱险受到了团部表扬。

五、整训鼓士气

在豫皖苏的日子是一段激情燃烧的岁月，既有激烈的战斗时刻，也有休整的和平时光，既有血腥的战场，也有美好的风光，在洪泽湖以北地区开展的部队整训就是李延培和战友们度过的一段难忘时光。

洪泽湖古称富陵湖，汉朝以后称破釜塘，隋代名为洪泽浦，唐代开始叫洪泽湖。洪泽湖是我国第四大淡水湖，湖面水域辽阔、风景秀美，清代诗人陶绍景“古堤垂柳细条条，朝映晨曦夕弄潮。百里笼烟无俗态，留得浓阴暑气消。更是月明林下望，满湖渔火接天晓”的诗句就是洪泽湖迷人风光的写照。

1941年春，新四军第4师主力部队撤离豫皖苏边区根据地，第10旅转向津浦路东巩固皖东北根据地。1941年5月初，李延培跟随部队进驻洪泽湖以北地区进行短期整训。

第29团召开了军政委员会扩大会议，传达上级精神，分析当前形势，要求开展系统的政治理论学习、文化知识学习和军事理论学习。团首长和机关干部分别下到营连，向全体指战员进行思想动员，推动学习和训练。

出身贫苦的李延培没上过学堂，也没怎么读过政治理论书籍和文化书籍。在整训中，他联系前段时间作战失利的实际进行了深入的反思。他在学习会上说：“咱们队伍中大老粗很多，没有文化，光会蛮打蛮冲不行，必须要多认字多读书多学习，才能不断提高政治觉悟和军事素质，才能打胜仗消灭敌人。”

李延培是这样说的，也是这样要求自己的。整训期间，他加强了文化学习，休息时间和吃饭时间也手不释卷，如饥似渴地读着，有不认得的字和不懂的问题就去向有文化的同志请教。他从认识十几个字到几十个字、几百个字……从面对书本如观天书到能够初步通读，文化水平有了快速提高。晚上，李延培就着油灯读毛泽东的《论持久战》，读到精彩段落就抄下来。他说："这本书告诉了我们怎样打败日本鬼子，是最好的兵书。"从此后他学会了写学习笔记、写日记，还坚持写作战自述，记录每场战斗的背景、经过、经验和教训，不仅为个人留下了详细的档案资料，也成为军史和中国革命战争史研究的珍贵资料。他在自述中写道："今天的一切形势与事物都在进展着，所以就必须努力学习，否则即有被淘汰的危险。""努力学习文化和政治理论，提高自己的业务工作水平，完成党与上级给我的一切工作任务。"

由于长期连续打硬仗，部队机动频繁得不到休整，战士们十分疲劳。加上斗争环境的艰苦，敌我力量对比的悬殊，部队伤亡较大，减员情况严重，兵员也来不及得到补充，部队中个别意志薄弱者产生了悲观失望和消极埋怨的情绪。整训期间，第29团在洪泽湖以西地区打击敌顽，在成子湖上塘集毙伤日伪军300多人，俘虏伪军300余人，在宝应县三阳沟歼灭伪军1个营。然而，就在战斗期间发生了一件令李延培和战友们震惊的事，第29团团长王德荣在泗县（今洪泽县）南镇集叛变投敌。变故一出，全团哗然，军心受到一定影响。

危急时刻，第10旅参谋长沈启贤受命兼任第29团团长。沈启贤从红15军团到八路军第115师第344旅，再到新四军第4师第10旅期间，一直与李延培共同战斗，是个意志坚定的革命战士。沈启贤到任后及时开展工作，对全团进行思想教育，消除恶劣影响，稳定部队情绪，提高队伍士气。要求大家认清艰苦复杂的斗争形势，发扬我军光荣传统作风，坚定信心，英勇打击敌人，更好地完成坚持和巩固华中抗日根据地的任务。李延培带头表示："不怕困难、不怕牺牲、勇敢战斗，去夺取新的胜利！"经过教育动员，大家群情激昂，战斗意志得到加强，胜利的信心也得到增强。

1941年8月初，第29团配合淮海区部队进袭运河南的老陈圩，李延培主动请战，带领2营作为突击队，施展“黑虎掏心”“擒贼擒王”的战术，直取顽军王光夏的司令部，打得敌人溃不成军，从而粉碎了顽敌李仙洲部和韩德勤部联合反共的阴谋。

第六章　苏北军歌嘹亮

一、攻坚拔“毒刺”

1941年9月9日，华中局和新四军决定，第4师第10旅和第3师9旅对调，归新四军第3师建制，原旅、团编制和番号都不改变。这样，李延培所在的新四军第4师第10旅第29团就成为第3师第10旅第29团，李延培仍担任2营特派员。随后，部队按照新四军军部命令，向苏北淮海地区开进，加强对敌作战力量，从此李延培和战友们在淮海区开始了4年的艰苦斗争。

苏北北面靠近山东，南面与苏中，西面与淮南和皖东北相接，是联结华北、华中的纽带。它与苏中、苏南及皖北成掎角之势，而作为苏北重要区域的淮海地区位于陇海铁路以南，运河以东，黄海以西，南面从淮阴沿盐河到灌云，地理位置十分重要。

1939年春，日军占领苏北全境。1941年7月，日军独立混成第12旅团，第13军第15、第17师团各1个大队，以及伪军李长江部共1.7万余人，在装甲汽艇和飞机掩护下，分四路以闪击方式合击盐城，妄图一举消灭新四军机关，摧毁苏北抗日根据地。

1941年9月19日，第10旅击退顽军阻击，顺利渡过运河，进入淮海地区。不久，部队和日军发生了一场激烈而短促的遭遇战。

这天，李延培和2营指战员正沿渔沟到来安之间的公路行进，突然侦察兵跑回来报告："发现鬼子！"李延培立即命令各连抢占路两侧高地做好战斗准备。不多时，几辆卡车载着100多名日军迎面开来，机枪手的钢盔在车顶闪着耀眼的贼光。李延培拿过一支三八大盖步枪，端稳瞄准，"叭"的一枪，将日军机枪手爆头。2营战士机枪、步枪随即猛烈开火，掷弹筒的榴弹在车队中爆炸。李延培一声令下，全营战士发起冲锋，手榴弹像冰雹一样砸向鬼子。公路上硝烟弥漫、火苗乱窜、喊杀震天。经过反复冲杀，战斗取得了胜利，击毙击伤日军数十人，其他的敌人见势不好后退溃逃。激战中红军干部出身的营长张凤才不幸中弹牺牲，李延培和战友们痛心不已。

当天晚上，第10旅第29团安全抵达淮海地区的古寨、钱集。他们与第28团一部和新四军独立旅一部密切配合进攻涟水城以北的浅上集，李延培带领突击队率先突破，经过一夜激战歼灭日军1个中队一部和伪军1个大队近400人。

我军的下一个目标直指位于泗阳西北运河和六塘河之间的程道口据点。

1941年10月，为配合日伪军对新四军军部和第3师指挥机关所在地盐阜区进行"扫荡"，国民党江苏省主席兼苏鲁战区副司令韩德勤3个保安团进占淮阴西北的程道口，并在程道口周边一带构筑多个据点，控制运河，呼应东西进犯的顽军，欲聚歼新四军部队于运河两岸，进而进犯我淮海区和皖东北地区，扼杀苏北和皖东北根据地。

而程道口的战略位置此时就显得尤为重要。它不仅是淮海、淮北两大抗日根据地的交通要道，也是淮南、淮北、淮海、盐阜四大抗日民主根据地往来联系的枢纽。程道口据点就像一根"毒刺"，卡在了京杭运河和宿迁至泗阳陆路通道的咽喉处。它还像一道门，关上门就能切断山东、苏北、苏中、苏南及西至皖东的联系，把数块抗日根据地割裂开来。新四军军部决定首先集中兵力歼击韩德勤所部，攻占程道口，拔掉这根“毒刺”。李延培所在的第3师第10旅第29团协同兄弟部队参加了这次战役。

但要想强攻程道口，又谈何容易。盘踞程道口的韩德勤部保安旅长王光夏不仅不理睬我军良言相劝，还强拉周围几十里的1000多民夫挖沟筑圩寨。这些民夫要自带口粮，昼夜劳作突击加固据点。顽军对民夫们动辄辱骂、鞭打，他们还向周围群众摊派钱款，并将据点附近10余里内的树木砍伐一空。百姓们愤怒地说：“这哪是什么保安旅，简直是‘害民旅’！”

经过50天的修筑，程道口在王光夏眼中成了铜墙铁壁，固若金汤。据点共修了6个土围寨，围寨分内外两层，外围墙高、宽各2到3米，10米远设一个炮楼。内围墙高约5米、宽6米多。墙外还有两道深宽各6米的壕沟、4道铁丝网及地道等坚固工事。据点外2000米距离内障碍物都被拔掉，成了一览无余的开阔地。整个程道口据点由东、中、西3个圩子组成，各圩寨彼此相连。在据点内，守敌还储备了15万多公斤的粮食，王光夏狂妄地吹嘘：“连鬼子都打不开的程道口，新四军能奈我何！”

1941年10月14日，新四军各参战部队对程道口顽军形成包围，喊出了“打好进入淮海区第一仗”的口号。第29团进至古寨、牛皮镇、五里庄、丁集一带待命。沈启贤团长当晚召开军政委员会扩大会议，研究敌情并进行战斗部署，团各级指挥员对战士进行了战前动员。李延培带领精干的侦察员潜往程道口据点周围了解地形、敌军分布、工事布置和火力配备情况。

程道口的南面是六塘河，河水较深，无法涉水进攻。北面是漫长的平坦开阔地，部队无法隐蔽前进。经过深思熟虑，我军决定从东西两面发起进攻。1941年10月18日，李延培与2营指战员同第29团兄弟营开始攻击东边的大兴庄据点，剪除程道口据点的东羽翼。在炮火支援下，李延培指挥突击队快速前进。为抗御守敌的枪弹，他们亮出了秘密武器——“土坦克”。

坦克是现代战场进攻的利器，那些令人望而生畏的坦克卷起漫天尘土和黑烟，势不可当地隆隆向前推进。但抗战时期的八路军新四军攻坚的火炮都很缺乏，更不要说这种钢铁怪物了。不过没关系，我军战士以勇敢无畏的精神和聪明的头脑智慧，因地制宜制作出了这种“土坦克”，向程道口的守敌发起了进攻。

所谓“土坦克”，就是在八仙木桌的桌面上铺上五六层或更多层棉被，再用水浇湿浇透，棉被间放上沙袋或土袋，子弹难以打穿，底下再装上木轮子。战士们钻到桌子底下，顶着桌子攻击前进。端着步枪机枪、身背手榴弹的战士猫腰紧跟在“土坦克”后面冲锋。他们冲到障碍前，用铡刀和大刀砍倒绑着铁丝网的木桩，把门板搭在铁丝网上，后面的战士踩在板子上快速跃过铁丝网，冲到壕沟边。他们把梯子沿着沟沿放下，然后一个个顺着梯子下到沟底，再把梯子搭在内侧的壕沟沿上，飞快地爬上沟对岸冲向炮楼。不少战士嫌沿着梯子下去速度太慢，干脆顺着沟沿“出溜”一下直接滑下去，或纵身跳下去。登圩墙时干脆攀着墙壁往上爬。李延培和战士们冲到炮楼下，先用手榴弹把射击孔炸开，再把集束手榴弹塞进去。“轰隆”一声，坚固的炮楼成了守敌的砖木水泥“棺材”。我军攻进大兴庄据点展开激烈的巷战，到处都是顽匪兵断胳膊少腿的尸体。守军头目余士梅躲到核心工事的一个大地堡内指挥顽抗，李延培命令集中火力封堵地堡枪眼，掩护爆破员抱着炸药冲上去，只听“轰”的一声震天动地的巨响，大地堡被炸塌了大半边，砖头瓦砾夹着敌人的尸体和破衣服飞向空中，剩余的敌兵被炸得晕头转向，纷纷举手投降。余士梅眼见败局已定，带着卫士提前从暗道逃走了。至此，所有外围据点全部被扫除，程道口顽军已陷入孤立境地。

10月20日17时，我军对程道口的总攻开始了。92步兵炮、山炮、迫击炮齐声怒吼，炮弹落在敌人阵地上，尘土混合着硝烟升腾而起，手榴弹不停地炸响，程道口圩墙工事大块大块地塌陷。李延培和战士们在火力掩护下猛虎下山似的冲向外围障碍物，有的放火烧鹿砦，有的用大刀砍倒铁丝网木桩，有的用炸药炸掉铁丝网，扫清冲锋道路。突击队抬着长长的木梯子冲上去了，抬梯子的战士快速靠近圩墙，把梯子猛地靠上墙面，再用身体死死地抵住，突击队战士灵猫般“噔噔噔”踏着梯阶攀上圩墙冲进寨内。

很快，东西两个圩寨都被我军攻破，看到末日临近的王光夏躲进堡垒，向200里以外的韩德勤一遍遍地发报求救，可韩德勤的回电只有冷冰冰的几个字：“援兵不至自理。”绝望的王光夏换上士兵的服装，准备趁着天还没亮战斗混乱之际逃跑。几个新四军战士冲进大碉堡，顽匪们四处逃窜，一个战士抓住伪装成士兵的王光夏询问，他乱指乱喊道：“前面那个就是王光夏!”战士放开他去追赶，王光夏趁机脱身逃走。3个多小时的激战结束，我军攻克了程道口及东西小圩子两个据点。

程道口战役是新四军一次规模较大的攻坚战，此战除王光夏等百余人逃窜外，其他敌军大部被歼。共毙伤顽军190多人，俘虏1230余人，缴获大量步枪、轻重机枪、迫击炮，以及电台、战马和大批军用物资，挺进淮海地区的首次战役取得了圆满胜利。

“道口破重围，曾经弹雨飞。战场遗迹在，捷报迭来归。”程道口战役锻炼和提高了干部的指挥素质和部队的攻坚能力，在战役协同、战术技术、政治工作及后勤保障方面都取得了丰富经验。同时粉碎了顽军分割根据地和消灭新四军的企图，发展和巩固了淮海根据地，使苏北地区的新四军掌握了战略主动权。

到1941年年底，第29团在第10旅直接指挥下，与兄弟部队和地方武装协同作战。顽军第117师害怕被歼窜回东桥地区，我军彻底粉碎了国民党顽军对淮海区的进攻。其后，第29团奉命进至东（海）、灌（云）、沭（阳）地区，配合滨海大队作战，迫使顽军龟缩到灌云东部小潮河以东的巢穴不敢出动，我军掌握了战斗的主动权。

二、建设根据地

当李延培和第29团的战友们初到淮海地区的时候，他们面对的是敌、伪、顽、匪、反动会道门、反动地主武装等众多敌人，他们不断对我军进行袭扰，捕杀我零散人员和地方党政干部。而且根据地和地方政权建立不久，群众基础比较薄弱，所以开展工作和军事作战困难很大。当时部队生活条件也十分艰苦，而且部队指战员北方人居多，难以适应南方的气候和生活，许多人得了疟疾、疥疮、痢疾。可以说，形势是相当复杂和严峻的。

不过这一切并没有难倒久经考验的新四军战士，李延培和第29团的指战员以顽强的意志和旺盛的斗志克服各种困难，大力加强根据地建设。他们向驻地百姓大力宣传我党我军的政策，广泛动员发动群众投入抗日大潮。部队还严明纪律，对百姓秋毫无犯，同时为群众办实事，从而打下了良好的社会基础。

与此同时，李延培还派出小分队和地方武装配合行动，不断打击敌伪顽匪，使党的地方政权得到进一步完善，根据地进一步巩固和扩大，第29团也被称为是一支“拖不烂、打不垮”的钢铁部队。

1942年，华中日军对苏北抗日根据地进行大规模的“清乡”和“清剿”，同时加紧推行“伪化”政策，用政治、军事、文化及特务等各种手段破坏和“蚕食”抗日政权。射阳以西和涟水向北方向成为敌人的重点“伪化”区域，苏北的顽军也紧锣密鼓地骚扰破坏搞“摩擦”，日伪的目的就是要分割我淮海区与盐阜区的联系，进而分进合击、各个击破，使苏北抗日根据地再次陷于极端困难的局面。

1942年2月，新四军第10旅在日军重点“伪化”区域展开了针锋相对的军事行动，李延培所在的第29团先在李小圩地区歼灭顽军徐继泰部170余人，随后协同兄弟部队进行了大拐圩、小李集战斗，取得显著战果。接着，他们又在淮海区地方武装配合下，多次强袭日寇在南岗、东余庄、小吴庄等地，拔除日伪原有和新设立的11个据点，毙伤俘日伪顽匪830多人。

然而，所有这些胜利都是在一穷二白、困难艰苦的条件下取得的。李延培和战友们刚来到苏北时，首先面临的就是吃饭问题。日伪的封锁，反动武装的破坏，加上当地灾害频繁，部队筹粮很难。缺少吃的，从团长到士兵都勒紧裤腰带，大家一起“节食”。春荒时节，每人每天只吃两顿饭，而且稀的居多，部队战士都是血气方刚的大小伙子，许多新兵年龄才十六七岁，还在长身体，更加扛不住。大家经常饿得心里发慌，李延培也不例外，于是他经常组织战士去挖野菜熬汤“加餐”。

粮食紧张，其他物资也一样。没有纸张，也没有黑板，李延培只能经常把通知写在一块铁皮上，然后用湿布擦掉，下次再写。教识字学文化，他们发明了“沙划”，就是以沙当纸，在沙子上写字，以树枝作笔，写了划掉，划掉后再写，循环往复。卫生队（所）的医生就更绝了，他们用捡来的豆叶作纸在上面开处方，有时没有豆叶，干脆就把处方写在伤病员的手臂上，伤员小心翼翼地端着胳膊去取药。

虽然部队想了很多办法，但要减轻根据地人民负担，从根本上解决部队生活困难问题，还是要靠自力更生、自给自足。第10旅大力学习第359旅艰苦奋斗的南泥湾精神，开展了轰轰烈烈的大生产运动。

李延培和战友们抡起锄头、挥起镢镐在荒山野坡开荒种地，进行生产自救。他们把战场上的劲头用在了种地上，平均每人种地75平方米，很多战士来自农村，这些活计自然很熟悉。从小就担起家庭重担的李延培，更是成了营里的“劳动能手”，不仅自己大干，还带起了徒弟。只种粮食还不够，李延培又带着大家养鸡养猪，组建营业社，开办了商店、油坊、酒坊、磨坊等，第10旅各团各营都成立了给养合作社，副业搞得红红火火。指战员们还大力开展助民劳动，帮助当地群众抢种抢收。大生产运动不仅解决了部队的生活需要，还进一步密切了军民关系，增强了军民团结。

新四军面临的另一个难题是武器弹药供给不足，为此部队成立了修械所，修理损坏的枪炮。李延培时不时跑来，惦记着把修好的枪支补充回营里。征战多年的他还有一手修理捷克式机枪、驳壳枪的绝活，他还能在很短时间内把一堆零件组装成一支完整的枪。团里还在村里开办了小型兵工所，土法上马制造手榴弹、地雷，生产和翻造各类子弹，虽然产能不能和大中型兵工厂相比，但也很好补充了部队作战需要。

第29团还认真贯彻党中央指示，积极协助地方党组织在根据地内实行精兵简政和“三三制”政体（共产党、国民党、无党派民主人士各占三分之一），建立更广泛的抗日民族统一战线。同时推行减租减息，改善人民生活。他们还积极帮助武装群众，发展民兵，组建和发展地方革命武装。

三、整风有收获

新四军作为全面抗战时期我党领导的一支重要武装力量，之所以始终能够历经血与火的考验，不断取得胜利，同这支“铁军”坚定的革命意志、严格的纪律观念、深厚的为民情怀是分不开的。皖南事变后的关键时期，与全党整风同步推进的新四军整风运动对从思想上建军、提高部队战斗力起到了重要作用。

按照华中局和新四军军部安排，第3师于1942年6月开始开展了以“反对主观主义以整顿学风，反对宗派主义以整顿党风，反对党八股以整顿文风”为主要内容的整风运动。整风运动以干部为重点，前期主要对干部思想进行整顿。在江苏益林县南窑村，包括李延培在内的第10旅营以上干部作为中干队成员参加了3至4个月为一期的整风轮训队，开展整顿“三风”运动。

李延培和学员们认真学习了毛泽东同志《农村调查》序言、《改造我们的学习》、《整顿党的作风》、《反对党八股》，刘少奇同志的《论共产党员的修养》，陈云同志的《怎样做一个共产党员》等22份整风文件，在做好精读、写笔记和领会精神的基础上，开展讨论和自我批评，向党说真心话，最后进行检查和总结。通过学习和反省自身提高思想认识和政治觉悟，树立正确的世界观，彻底改造“三风”。

学习日程安排得很紧，要求也很严。中干队轮训班根据文化程度分成甲乙两组，甲组以自学为主，乙组以辅导学习为主。李延培小时候家里穷，文化程度不高，所以被分到乙组，但是他热爱学习，知识提升迅速，各方面进步很快，所以被任命为中干班班长。

刚开始的时候，一些干部认为部队就是打好仗，对整风运动的重要性认识不足，产生了一些抵触情绪。李延培也一度陷入迷惘之中，他想不通，自己从小投身革命，多年血里来火里去，怎么思想就有了问题？怎么还要检讨自己？夜深人静，李延培睡不着，他披起衣服走出房间，望着远处黑魆魆的大山发呆，内心迸出了一个个巨大的问号。几天下来，他变得沉默寡言，人也消瘦了一些。

李延培和一些干部的思想心理活动引起了上级领导的注意，第3师领导针对大家的认识和疑问作了辅导报告，并进行耐心的谈心谈话，轮训班还理论联系实际，采用会议、墙报、日记等多种形式开展学习教育活动。这些教育活动使整风运动得以健康发展，大家心里的疙瘩解开了，思想包袱放下了，对自己的剖析更大胆更深入了。

通过学习，李延培有了一种心底无私、海阔天空的感觉，对自己曾有过的思想波动和认识不足有了清晰认识，并做出了深刻的自我检讨。他在心得感受和汇报材料中写道：“在抗日战争时期，在思想上是有些变动的，我主要思想是在红军改为国民革命军，穿上灰衣服，戴上青天白日帽徽时，认为投降国民党了，当时部队不少干部开小差，到延安去了，但我们这些小兵、小干部是不能去，只好跟着走，看情况再说吧。另一个想法是我们到了安徽时，部队进行了反顽斗争，部队中产生了不少逃亡和变节分子，造成很大的失利，不能再战斗下去，敌人把我们追得无处可存了，当时自己认为有被敌人消灭的可能。”

大胆剖析自己，认真检视自己，扎实克服缺点，正是有了这样的学习和转变，包括李延培在内的广大干部从思想到行动上发生了很大的变化，革命信念和革命斗志更加坚定了，思想和心灵得到了一次很好的洗礼和淬炼。在讨论中，李延培真诚地说：“整风过程中，锻炼与提高我的一切。要保持自己工作中、战斗中、生活作风中的优良成就，不能自满，要继续努力前进，做一个很好的党员、很好的干部，完成党和上级给我的任务，保证做一个人民的好战士，为人民服务到底。”

他在自述中对自己进行了总结：“我的工作一贯是积极肯干、认真负责，能完成上级给的各种任务，作战勇敢，生活艰苦朴素，和群众打成一片，但因自己文化水平低，所以组织能力差，这是自己的缺点，应努力地克服。经过了党对我十多年的教育，特别是经过整风学习等的教育，对我无论在哪一方面都有些提高。总的来说，自己是个普通小山沟的落后村庄的农民，经过党和上级的培养教育，到今天我已经对党对人民，有了一定的贡献，但自己觉得太少，更应努力地提高自己水平，为人民做更多的事。”

在开展整风运动的同时，部队还利用战斗间隙积极开展军事训练，官教兵、兵教官、兵教兵，练兵热情十分高涨，训练效果十分明显，官兵军事素质得到了很大提高。身体精壮、膂力过人的李延培在多次战斗中经常抡起大刀和鬼子展开肉搏，是玩刀的高手。但通过残酷的战斗，李延培也清醒地认识到，在白刃格斗中，用步枪刺杀更普遍、更直接、更快速。而我军在体能、拼杀技术上和日军还有不小差距，往往要付出很大的伤亡代价，所以提高拼刺刀技术很重要。于是，李延培在加强部队拼刺训练的同时补齐自己的“短板”，开始了刺杀强化训练，并认真向水平高的老兵请教。每天一大早战士们还没起床时，李延培就会来到操场上挥汗如雨苦练格挡刺杀技术。一个动作成百遍、成千遍、上万遍……很快，李延培的拼刺刀技术有了很大提高，手似电、枪如风，出枪既快又狠又准，在对杀训练中全营几乎没有人是他的对手了。

在战斗中，李延培练就了弹无虚发的精准枪法，“神枪手”大名早已在部队中传扬，在训练中他发挥教练作用，认真指导大家苦练精确射击。2营有一名叫李刚的干事经常向李延培请教手枪射击技术，李延培便手把手地教他如何“三点一线”瞄准，如何调整呼吸凝神屏气。他还告诉李刚，提高手枪射击准确性，既要防止枪口上跳，也要避免扣动扳机动作过猛造成枪口点头，子弹打到地上。李延培还传授李刚驳壳枪平端横扫技术，以及装上木托抵肩射击技术。李刚练习十分刻苦，射击技术突飞猛进，后来他和李延培并肩战斗，参加了淮上打击顽军，以及阜宁、清江、石塘等战斗，两人结下了深厚的战友情谊。在解放战争中，李刚先后参加了辽沈战役、平津战役，转战东北、华北、华南地区。抗美援朝战争期间，他作为首批志愿军赴朝作战，参加了五次战役和临津江西岸防御战，后来成为中国武警部队首任司令员。

经过政治学习、军事训练和对敌作战，新四军部队的凝聚力不断增强，战斗力大为提高，敌我力量对比不断发生变化，苏北抗日根据地政治、军事、经济建设有了新的提高。

1942年11月，日军在淮海区开始“大扫荡”，以沭阳为中心向四面“伪化”，把淮海区分割成东灌沭、沭宿泗、潼宿海和淮涟四块。针对敌强我弱的形势，淮海区党政军决定组织新四军第3师第10旅第29团、第7旅第21团1营与地方武装合编形成4个支队，在4个区域坚持斗争。每个支队辖3个小团，第29团在保留第10旅编制不变的前提下，改编为淮海军分区1支队，主要在东灌沭地区开展活动。支队下辖3个团，团以下取消营级建制，直接设连级单位，李延培担任第2团3连连长。

淮海区武装整编后，从1943年1月5日起，第1支队在地方武装和民兵配合下采取袭击、围点打援的战法对六塘河两岸的日伪军发起攻击，破坏敌交通线约150公里，使沭阳、马厂之间公路交通完全瘫痪。

四、土战法显威

抗战时期，我军除了正面作战，还创造了许多别出心裁的敌后土战法。而淮海区军民发明并有效地使用的“交通战”“麻雀战”“臭狗战”等实用的战法，为取得反“扫荡”胜利作出了贡献。

“交通战”实际上是一种堑壕战。在华北地区，抗日军民广泛使用“地道战”，纵横交错的地道网构成“地下长城”，有力打击了日本侵略者。但淮海地区和华北地区不同，这里主要是地势平坦低洼的平原地区，小河、沟渠较多，地下多是沙性土壤，而且地下水位偏高。日军每隔10多里就有一个据点，汽车、坦克等机械化装备行动很快，极大限制了我军民的活动，所以“地道战”战法在这里根本行不通。

根据这种地理条件，李延培和战友们在群众的配合下采用了挖堑壕的办法来对付敌人。1943年1月开始，抗日军民开始了一场挖掘堑壕的巨大工程，大壕套小壕，直壕连弯壕，曲直交错，从空中看就像密布的蜘蛛网。晚上他们在敌人的据点附近挖，白天在远离据点的地方挖，经过一个多月的昼夜奋战，纵横200多华里的区域内出现了总长度近2万华里的堑壕阵，路沟相通、村村相连。宽大的壕沟里可以抬担架、跑小车，小堑壕可以快速行军，既安全隐蔽又畅通无阻，水位高的地域就把壕沟灌上水。日军的汽车、装甲车处处受阻，只能“望壕兴叹”，我军则可以利用堑壕灵活机动打击敌人。

在大挖堑壕的同时，李延培和战友们还同淮海地方武装发动了交通破袭战，破坏日军赖以运兵和运送战略物资的公路，并寻机拔除敌伪据点。

“麻雀战”是抗日游击战的一种特殊作战形式，取名于麻雀的习性。麻雀没有成群结队觅食飞翔的习惯，它们通常或一二只，或三五只，或十几只，飞来飞去、时聚时散、飘忽不定。仿照麻雀觅食方法，吸取它们目标小、速度快、行动灵活特点所创造的游击战战法，就叫“麻雀战”。

淮海区有许多的敌伪据点，每个据点都驻有日伪军100至200人。针对敌军据点布局，李延培带领部队和地方民兵化整为零，采用分片包干、分段盯人的办法，利用交通壕日夜监视据点内敌人，有的交通壕一直挖到了敌据点附近，连日军说话都能听得到。日军用枪射击，我军战士就藏到堑壕里，子弹也打不着。日军一出动，民兵就开枪示警，李延培命令吹起军号，点燃空油桶里的鞭炮，“乒乒乓乓”像开机关枪。敌人不了解实情，以为我军主力部队来了，怕中了埋伏，又怕被调虎离山，所以躲在炮楼上胡乱开枪开炮，不敢离开据点一步。有时，敌人派侦察兵悄悄出来刺探情况，被我军发现后当即擒获。

到了半夜，据点附近会突然枪声四起，被惊醒的日军慌忙起身朝枪响处开枪，这时黑夜里却没了动静，等到他们刚睡下，枪声又响起。如此三番五次，几乎每天夜里抗日军民都会开展“麻雀战”骚扰敌人，搞得敌伪军草木皆兵、不得安宁。李延培哈哈笑着对战友们说：“看吧，白天是敌人的天下，夜晚就是我们的天下。”一些据点的日军终日提心吊胆精疲力竭，受不了无休止的煎熬，只能狼狈撤走。小小的“麻雀战”，把敌人闹得团团转。

“臭狗战”就更绝了，它是由新四军苏北军区淮海军分区军民首创的“生化战”。当时抗日武装缺弹少枪，难以和现代化装备的敌人硬拼，没有重型武器，攻打高墙壁垒的据点很艰难，只有用自制的土火箭和土炮攻击，有时土炮弹竟被碉堡内的敌人扔出来，嘲笑道：“你们送来的炮弹我们当水瓢舀水喝。”

淮海军分区第3支队决心拔除这个据点，李延培对战士们说：“现在天气这么炎热，咱们可以把死狗扔到敌人据点外，用不了两天，死狗就会腐烂生蛆发臭。他们的火力再强大，也挡不住臭味。”于是，对付日伪据点的“臭狗战”在苏北逐步推广开了。

当地很多人家都养狗，我军又是晚上行动居多，部队一出发，狗就“汪汪汪”狂叫，一只叫引得众狗吠，敌人也就知道了我军的动静。为了消灭据点的敌人，淮海区地方政府就开展了打狗运动，并动员群众限期把狗处理掉，等打完日军再养。农村群众觉悟都很高，政府一号召农民就积极响应。于是，李延培和军民们把一袋又一袋的死狗、死畜丢到了桑墟据点下。时值酷暑，正是夏日炎炎似火烧的时节，这些狗、畜很快就腐烂发臭，滋生出了大量蝇蛆，日伪军不得不关死门窗，但仍然难以抵抗恶臭和蛆蝇的围攻。有的日伪军受不了憋闷和热气，想钻出工事来透透气，结果正中了李延培和战友们的冷枪。

三伏天时间一长，这些死狗死畜彻底腐烂，更加异味熏天、臭不可闻。敌人被熏得吃不下饭、喝不进水，不少人生病倒下，无奈之下，他们只好放弃据点逃跑，桑墟等据点相继被攻克。战斗结束后，李延培又立即组织军民掩埋死狗死畜尸体，防止细菌、疾病在根据地滋生。“臭狗战”战法大显神威，敌人在“臭水沟里翻了船”，有一首诗这样写道：“千村人迎招手笑，百户犬卧抚怀中。”赞扬新四军用“臭狗阵”打了胜仗。

五、捣毁敌堡垒

在六塘河交通线上的灌云县汤沟东南5公里处，有一个敌军控制的重要据点——连五庄，这里驻扎着伪第28师一部。为打破敌人“伪化”企图，打开并恢复六塘河两岸地区局面，我军决定拔掉这个敌人重要的支撑点。1943年4月8日，李延培所在的淮海军分区第1支队秘密潜行到连五庄附近，准备发动一场速战速决的攻坚战。而突前对东村敌人进行攻击的任务，落到了李延培率领的第3团3连身上。

暮色降临时，攻击开始了。李延培集中连里的机枪火力，掩护1个班匍匐前进到了鹿砦前。鹿砦，是把伐倒的树木架起来，构成鹿角形状的防守障碍物，又叫鹿角砦，通常分为树干鹿砦和树枝鹿砦两种。李延培指着前方说："你们看见了吗？要打掉连五庄，就要先清除小鬼子布置的鹿砦障碍，然后冲到近前用手榴弹爆破攻击。"借着敌人点燃的照明柴火光亮，战士们奋力剪断了绑住枯干乱枝的铁丝，再拴上绳子，两边战士齐声发喊一起用力拉，把鹿砦阵扯开了一个20多米宽的大口子，为突击队扫清了通道。接着，我军的迫击炮打响了，炮弹将据点砖房西北角炸开了一个大洞，只见烟雾升腾、砖瓦片乱飞。

突击班趁机冲过鹿砦缺口来到屋檐下，他们架起梯子爬上房顶，用十字镐猛力刨开一个个小洞，把手榴弹扔了进去，立时响起一阵爆炸声，在屋里射击的敌军被炸得血肉横飞。李延培大手一挥，带领战士们迅速冲进据点，和守敌展开了近身搏杀，"冲呀""杀呀""放下武器"的喊声不绝于耳。经过一夜激战，守敌大部分被歼，715名伪军被俘，缴获了600多支步枪和一些军用物资。

攻克连五庄据点是第10旅地方化改编为淮海军分区1支队后的第一战，首战告捷给淮海区军民以极大的鼓舞，李延培所在的第3团3连作为突击连队也立下了头功。

接着，1支队乘胜攻克了王行庄、六塘河北岸周口、葛庄、石门口、韦庄等一批据点，歼灭伪军1500多人，打开并稳定了灌云地区的局面。1943年5月，第10旅兼淮海军分区又集中主力部队发起了塘沟战斗。

塘沟是沭阳县最大的集镇，位于县城东南25公里处，是沭阳县、也是淮海区的中心区。"大扫荡"开始后，敌军在塘沟安设了据点，并与周边钱集、瓦房庄、徐塘圩等据点形成掎角之势，企图分割淮海军分区1支队、2支队和4支队主力，切断淮海、盐阜两区的联系。守敌是伪军联防主任封锦成部，以及伪淮海省“剿匪”支队一部共400多人，但这两支伪军充分体现了“窝里斗”的特点，他们之间矛盾重重、互不理睬，根本尿不到一个壶里，所以两家人马分别驻扎在镇内南、北两个圩子。

5月10日，我军完成了攻击部署。淮海军分区1支队李延培的3连配合兄弟部队及地方武装在塘沟以北展开攻击行动；3支队、4支队分别在淮涟和沭阳以北牵制敌人，策应攻击塘沟部队。

5月16日晚，月明星稀，进攻开始了。李延培和3连指战员在机枪、迫击炮和掷弹筒火力掩护下，快速冲锋，冲进了镇子，守敌龟缩到南北两个圩子内负隅顽抗。

5月18日，3连首先对南圩子展开攻击。但李延培并没有下令让大家立刻冲锋，战士不解地问：“连长，咱们还等什么？冲吧！”李延培看着圩墙上不断喷着火舌的机枪摇了摇头，说：“前面这片开阔地没有遮拦掩护，硬上会死很多人。”他下令进行土工作业，挖战壕前进。

于是，战士们锨镐齐下、挥土如风，就像电视剧《亮剑》中李云龙攻击山崎大队的方法，很快挖出一条条战壕，一步步逼近南圩前的鹿砦。守敌见状，急忙调集火力射击，阻止我军掘进。李延培命令把挖壕的土堆起来，筑起四五米高的土堡垒，架起机枪居高临下对圩内敌人猛扫。伪军被打得抬不起头来，第3连战士一阵猛挖，来到圩墙下，拉响集束手榴弹和炸药包，在隆隆巨响中，圩墙被炸塌一截，李延培带领战友们呐喊着冲进圩寨。

守敌溃逃进几个院子抵抗，李延培让战士用薄铁皮卷成土喇叭，向伪军喊话：“不要忘了自己是中国人！”“立即放下武器，不要自取灭亡！”“一致对外，不当汉奸，不当炮灰！”在强大的攻心压力下，守敌开始军心涣散，抵抗意志逐渐崩溃，伪联防主任封锦成率所部200多伪军缴械投降。

攻占南圩子后，我军调集兵力对北圩子守敌展开进攻。就在激战正酣的时候，侦察兵紧急报告，沭阳、淮阴之敌各派出一部兵力赶往钱集据点，会同钱集的250多名日军和300多名伪军，前来解塘沟之围。他们攻击前进到塘沟南5公里的赵庄和小张庄与我军展开激战，一部日军乘机从侧翼快速楔入，已进至距塘沟仅2公里处。如果堵不住这股敌人，进攻塘沟的部队就会处于敌人内外夹击的凶险局面中。

就在这关键时刻，李延培带领3连同兄弟连队及时冲过去截住了敌军前进之路。日军号叫着猛烈冲锋，3连在打退敌人几次进攻后进行了反冲击。战斗是激烈的，子弹打光了，李延培和战士们就与日军展开白刃格斗，敌我双方交混在了一起。

李延培一刀砍倒一个鬼子，忽然身后传来利刃带出的风声，他猛地回过头来，看到三八大盖上闪着寒光的刺刀向自己胸部刺来。说时迟，那时快，李延培用力扭动身体，刺刀从他左腋下穿过。李延培胳膊一合，把敌人枪杆夹住。这时，又一个日本兵举枪向他刺来。李延培一边紧急后退，一边挥刀斜劈，那鬼子没有料到这个“八路”反应如此之快，动作如此连贯，一个大意被李延培一刀砍掉了小臂，那家伙惨号着倒在地上，被夹住枪的鬼子也被赶上来的战友刺倒。

这时，战士看到李延培腰间有鲜血流出，忙喊：“连长，你受伤了！”李延培检查了一下，幸好只是皮肉被刺破，伤不重，他简单地用绑腿布包扎了一下，又指挥战士们冲了上去。在我军奋勇拼杀下，敌军抛下死伤者，撤回了张庄。

日近黄昏，我军其他各部赶到，从几个方向对张庄实施合围，增援敌军眼见有被“包饺子”的危险，便仓皇撤逃。残存的塘沟北圩守敌眼见援军被打退，固守再无望，也乘乱突围向沭阳方向逃窜，途中被我兄弟部队歼灭大部，塘沟被胜利攻克。

塘沟之战成果颇丰，日寇小队长以下105人、伪军大队长以下45人被毙伤，200余伪军投诚。塘沟镇据点被扫除，等于挖掉了埋在淮海区中心的一颗“炸弹”，日伪分割我根据地的企图被粉碎，150平方公里的地区得到解放，淮海东西地区连成了一片。由于李延培冲锋在前、英勇作战，受伤不下火线，战后被任命为淮海军分区1支队第2团副团长。

六、夏季取连胜

1943年的夏天来得有点儿早，地里的玉米迫不及待地往上蹿，绿油油的玉米秆长得一人多高，形成了一行行一排排绿色帷幕，为我军开展游击战提供了极好的掩护。

李延培所在的1支队第2团利用青纱帐般的玉米做掩护，对日伪军发动神出鬼没的攻击，又连续攻克了塘沟至杨口之间的徐屋基、杨马庄、范庄、瓦房庄、马厂等据点。经过一段时间的战斗，我军决定对秦西圩展开袭击并拔掉这个日军据点。

秦西圩据点三面环河，易守难攻。据点内有160多名日军，配备有重机枪、轻机枪、迫击炮等武器。相比守敌的强大火力，第2团战士每人只有五六发子弹，弹药少得可怜。要想啃下这块“硬骨头”，就必须发挥我军近战夜战的特长，抢占先机，出其不意地打击敌人。

1943年8月2日傍晚，暮色越来越浓重，旷野中只能听到河水潺潺流动的声音。突然，河中出现了几个幢幢的人影，这是李延培派出的战士前来侦察情况。他们小心翼翼潜伏身形，测量了河水水位，摸清楚了据点入口，弄清了守敌防守情况。根据侦察员的报告，第2团决定次日清晨行动。

天刚蒙蒙亮，据点的敌军还在熟睡，李延培指挥3连战士们开始悄悄渡河。虽然已经是夏天，但清晨的河水还是非常冷冽，战士们咬牙坚持蹚水前进。河水深浅不一，有的地方水都没到了脖子，战士们小心翼翼，尽量不发出大的响动。他们相互帮扶着冲到了河对岸，迅速接近炮楼，在蒿草中潜伏下来准备出击。

太阳刚刚从山后冒出头，我军的进攻打响了。李延培命令一个排所有机枪步枪一齐开火，封锁炮楼射击孔，另一个排呈散兵线快速冲向炮楼。日军遭到突然袭击，惊慌失措地朝下射击，但机枪手很快被打倒。由于我军已经提前就位，冲锋路线大大缩短，几十米的距离战士们转眼就冲到了炮楼下，向射击孔里和炮楼顶上扔手榴弹。日军的枪炮这时已经失去了作用，他们被手榴弹炸得血肉横飞、死伤惨重。见到突然袭击已经得手，全团战士紧紧跟上冲入据点，经过激烈战斗，攻克了秦西圩据点。

打扫战场时，团长汪洋①将李延培叫过来，说："秦西圩这个点对敌人很重要，他们一定想要夺回去。这样，咱们兵分两路，我带一个连在这里坚守，你带3连迂回到秦西圩的东北。等鬼子来了，咱们给他来个两路呼应、内外夹击。"李延培重重地点点头，敬了个军礼，带队离去。

第二天早晨，一颗颗炮弹落在秦西圩据点，高沟、杨口的日军在猛烈的炮火支援下发起反扑，企图夺回秦西圩。日军用九二步兵炮和掷弹筒猛烈轰击，步兵在机枪掩护下号叫着向我军阵地冲来。在汪洋团长指挥下，我军战士用步枪、机枪、手榴弹奋勇还击，接连打退了日军的几次进攻。

汪洋团长正在炮楼顶上观察敌情指挥战斗，突然，一发榴弹呼啸着飞来在不远处炸响，汪洋倒在了血泊中，身边的一名班长当场牺牲，两名战士也负了重伤。政委刘镇山一面安排用门板当担架将团长抬下去紧急救治，一面接替指挥继续战斗。战士们依托据点顽强坚守阵地，敌军在阵地前留下了近百具尸体。

但是，随着时间的延续，我军的子弹和手榴弹即将告尽，火力渐渐稀疏了起来，伤员也不断增加。日军指挥官感觉到了这一点，兴奋地大叫着，

---

① 汪洋，1920年10月出生，陕西省横山县人，1937年进入陕北公学学习，同年加入中国共产党。抗战时期任副排长、宣传干事、参谋、团长；解放战争时期任师参谋长、师长；抗美援朝战争时期任师长、军参谋长；后任副军长、军长、沈阳军区副司令员兼参谋长，第七机械工业部部长，北京军区副司令员。1964年晋升少将军衔。

准备再发动一波进攻，眼看着刚刚夺下的据点又面临着失去的危险！

就在这危急时刻，日军后面的东北方向突然响起了枪声和喊杀声，原来是李延培带领3连在敌人身后突然发起了攻击。他们把最后的子弹和手榴弹都倾泻到日军队伍中，随后齐声大喊：“冲啊！”以锐不可当之势杀入敌群。李延培手持上了刺刀的三八大盖，施展着苦练出来的拼刺技术，真如战神下凡，他接连几个突刺，捅倒了三个日本兵，其他战士也凶猛无比地冲杀过来。这支奇兵的出现使战场形势发生了很大变化，敌军阵脚开始大乱。政委刘镇山见状大喜，下令秦西圩据点内的新四军战士发起反冲击，遭受前后两路打击的日军乱作一团，搞不清虚实的他们以为我军大部队已经赶来，急忙撤兵退回杨口，秦西圩战斗惊险地取得了胜利。

战斗结束后，李延培连奔带跑来到临时救护所看望团长。这时的汪洋因为伤势过重已经昏迷不醒，李延培急得直搓手，连问：“情况怎么样？”

团里唯一的军医刚从国民党部队起义过来不久，他叹着气说：“团长伤太重了，需要马上手术，但这里条件太差，能不能抢救过来不好说。”

李延培一把揪住他的衣领，厉声道：“你一定要尽全力救活团长，不然我毙了你！”军医满头大汗地让战士把汪洋放到简易手术台上，开始为汪洋做手术。

手术很艰难，汪洋身上共中了13块弹片，军医取下了12块，但右胸锁骨下一块弹片嵌入很深，救护所又没有镊子，军医切开伤口后只能用手去抠，但怎么也抠不出来，他急得直骂娘，只得把伤口缝合上。

李延培在篷布外焦急地来回转圈圈，头发被自己抓得蓬乱无比。看到军医走出来，他急忙冲上去抓住军医胳膊问：“手术怎么样？”

军医直摇头说：“还有一块弹片太深了，没有工具，试了几次取不出来。”

李延培两眼冒着火说：“取不出来，要你干什么？要是伤口感染就没命了，快想办法！”

在李延培的逼迫下，军医再次打开了汪洋的伤口，但忙了半天还是没有成功。这时，李延培看到团里一个小卫生员从几里路外气喘吁吁地跑了回来，于是喊道："你，过来试试！"那小卫生员小心翼翼地在军医指导下开始动手。到底是年轻手巧，过了一会儿终于把最后这块弹片抠了出来，汪洋的伤口经过清洗后缝合。军医抚着胸口说："总算保住团长的命了！"李延培和在场的人也都长长地嘘了口气。

在秦西圩战斗中，我军攻克据点，并打退敌人的反扑，李延培迂回敌后方突袭对胜利的取得起到关键作用。战后，第2团被第10旅兼淮海军分区授予"攻必克，守必坚"光荣称号。

秦西圩战斗后，1支队连续作战，陆续攻克日伪军几十个据点，使钱集成为"孤岛"。1943年8月16日，我军发起了以钱集为中心目标的新攻势。

人称"水旱码头钱家集"的钱集是沭阳的南大门，是沭（阳）淮（阴）公路的枢纽，也是新安镇至泗阳间运河交通的纽带，钱集、钱老集、钱三河子三个据点互为犄角，彼此呼应。1943年8月18日，1支队对钱集发动进攻，在炮火掩护下，李延培和战士们突入镇内，经过激战俘虏伪中队长以下50余人，占领钱集，随后打退了钱老集和钱三河子日伪军的多次反扑，敌军退入钱老集据点。考虑到钱老集日军兵力较多，而且工事坚固，继续攻击会造成大量伤亡，我军主动撤出战斗。

钱集作战切断了敌人的主要交通线——沭淮公路，打通了淮海区各支队的联系。1943年10月2日，1支队第2团奉命攻取灌云小潮河二里远的杨圩据点。

杨圩据点修筑在一个大地主的三合院内，守敌是伪军薛志信中队，四周构筑有坚固的防御工事，东南角、西北角各修建了一个大炮楼，防守十分严密。

17时，伤愈归队的第2团团长汪洋指挥部队从西北方向进攻杨圩。这里的炮楼是砖石加混凝土建造的，既高又坚固，重机枪、轻机枪火力凶猛，我军的轻武器和掷弹筒对炮楼造不成太大的威胁。到第三天天亮，战斗一直处于胶着状态，我军依然无法攻克这个据点。

不能这样一直耗下去，必须想个好办法。团长汪洋召集各连长研究破敌办法。李延培沉思了一会儿，突然想起了一个主意：“我在西安时听说书，古人打仗围城时有围住三面、放开一面的方法，咱们可以试一试。”汪洋一拍大腿说：“老李这个办法好！这叫‘围三阙一’，把敌人逼急了他们会死战，咱们损失也大。开个口子让他们逃跑，咱们来个前堵后追，在运动战中消灭敌人。”

那么，放开哪一面呢？李延培说：“杨圩西边是咱们的地盘，敌人不敢去。我听到据点里伪军几次向东面吹号求救，他们应该会向东面跑找接应。”

汪洋点头说：“对，东面是汪伪徐继泰部的地盘。我们先停止攻击，天亮前撤掉东面的兵力，延培，你带领1连在通向小潮河方向的玉米地里埋伏好，把他们一网打尽。”

李延培的预料是对的，伪中队长薛志信虽然凭借坚固炮楼还在杨圩困守，但他早已吓破了胆，心里全是逃生的念头，恨不能找个缝隙脚底抹油快快溜掉。就在这时，手下来报：“新四军进攻停止了，东面的队伍也撤走了。”薛志信大喜，天刚放亮，无心再守的他带着队伍从我军放开的缺口跑出来，慌慌忙忙向东逃去，他们没想到，前面就是他们的葬身之地。当伪军们进入玉米地踏进伏击圈后，李延培一声令下，左右两侧机枪、步枪一齐猛烈开火，手榴弹流星般飞出，后面我军也追击上来，前后一顿猛揍。伪军像被收割的麦子一样纷纷倒下，80多人被打死，伪中队长薛志信也被子弹洞穿脑袋，一命归西。出逃之敌被解决，杨圩据点已唱了“空城计”，被第2团顺利攻占，安插在灌东抗日根据地的这颗“钉子”被彻底拔除了。

第七章　迎接胜利曙光

一、打赌争首功

1944年，全面抗战已进入第七个年头。随着日军深陷太平洋战争，大量军兵南调，苏北许多地区已呈现兵力不足、左支右绌的窘况。我军在多个区域发起攻击，使日军顾此失彼、首尾难顾，抗日军民已经看到了一线胜利的曙光。

4月中旬，淮海区日军大部分调往徐州，灌云、新安镇敌人伸向淮海区主要据点高沟、杨口的日军主力也撤走了，周围各大据点主要以伪军防守，战斗力较弱。

针对局部敌我力量对比变化，新四军第3师第10旅兼淮海军分区决定抓住有利战机攻击高、杨之敌。第1支队牵制敌军并肃清杨口外围，配合兄弟部队进攻高沟，然后再合力攻下杨口。

高沟镇位于南六塘河东岸涟水县境内，镇子由圩墙、地堡、炮楼、壕沟、鹿砦、铁丝网构成防御体系。敌人以高沟、杨口两据点为核心在四周安设了数十个小据点，以控制盐河、南北六塘河交通和新安镇一带地区。

当我军于4月24日对高沟展开进攻后，1支队一方面部署兵力阻截敌人援兵，一方面加紧剪除高沟据点的羽翼。李延培率领部队对杨口北部王行庄的敌人发起攻击，他指挥机枪压制守敌火力，派出突击队员炸开防守鹿砦，随后命令吹起冲锋号。战士端着上了刺刀的步枪，呐喊着全力攻入王行庄，在一阵激烈的白刃格斗后，敌军非死即逃，王行庄很快被拿下。高沟守敌看到援军无望、羽翼全失，顿时惊慌失措、土崩瓦解，高沟据点被我军顺利拿下，接下来的目标就是攻取杨口和新宅子据点。

侦察班长出身的李延培非常注重掌握敌情，做到知彼知己。他又亲自带领精干战士对杨口和新宅子据点进行了一番侦察。回来后，李延培向支队建议：新宅子据点虽然不大，但工事很坚固，前面的一大片开阔地给我军正面强攻增加了难度，应该按照先易后难的策略，先打杨口街，再借胜利之势攻下新宅子。支队首长经过思考，同意了李延培的建议。

尽管杨口比起新宅子稍微容易打一些，但却绝不是一个“软柿子”。这个据点四周筑有高5至6米的围墙，墙上建有碉堡，墙外是一道2米深的外壕，壕外还设置了鹿砦。据点内有几十个地堡和炮楼形成的环形工事。伪军第36师第72旅一个团和保安大队1000多人在此据守，该据点与杨口街、新宅子、王行庄等三个支撑点相互依托、互为犄角。

1944年4月26日，李延培指挥第2团2连发起冲锋，一举拿下了杨口东南的丁头庄，将此作为总攻杨口的前突出发阵地。如鲠在喉的敌人自然不会罢休，他们从杨口街据点派出兵力向第2连阵地进行反冲击，李延培指挥战士沉着应战，一阵阵排枪放倒了不少伪军，接连打退7次进攻。

突然，有战士喊道：“狗日们放火了！”李延培看去，只见一阵阵浓烟卷向2连战士，原来守敌见进攻受阻，便使出了火攻阴招。大家被烟熏得眼泪直流，不住地咳嗽，气都难以喘上。接着，熊熊大火开始燃烧，火焰像无数恶魔的长舌舔舐着我军阵地。过了不久火光漫天而起，一棵棵参天大树瞬间被烈火包围，茂密的树叶和树枝短时间内就被烧焦，发出“噼噼啪啪”的爆响声。

李延培大声喊道：“都取下绑腿带用水打湿，快点捂住口鼻！”大家纷纷照办。他又派战士取来水浇灭阵地上的火苗控制火势，大家在烟火笼罩中坚守阵地。

火势稍弱，敌人又开始了新一波更猛烈的冲击，一部分敌军冲上阵地，和我军展开了短兵相接的搏斗，枪声和喊杀声交混在了一起。李延培带领一排战士冲过来堵住缺口，扑向敌人，大家奋力拼杀。有的战士身上还冒着火苗，如杀神临凡般举枪猛刺，有的战士子弹打光、刺刀卷刃、枪托砸断，拉响最后一颗手榴弹和敌军同归于尽。敌人被2连不要命的打法吓怕了，纷纷掉头撤回了杨口据点。

稳固了前进阵地，对杨口的总攻击也即将开始。1支队做了最后的战斗部署，指挥第2团从杨口街东面和东南面发起进攻，陈大海指挥第3团从杨口街北面发起进攻，形成两路钳形攻势。

陈大海也是李延培的老战友，他们在一个部队征战，关系很铁，当然平时也少不了争强好胜斗嘴取乐。接受任务后，二人都摩拳擦掌，想争下攻坚头功。李延培豪气冲天地对陈大海说："老陈，第2团的战斗力是最强的，这回肯定是我们最先攻进杨口。"

陈大海很不服气地翻了翻白眼，撇撇嘴对李延培说："老李，你也别吹牛，你们战斗力强？俺们第3团更不是吃干饭的！谁厉害，杨口里面见高低。"

李延培凑上前说："老陈，那你敢不敢打个赌，看谁先攻进杨口据点，敢不?"

陈大海气哼哼说："赌就赌，就赌一包金虎牌香烟。"

李延培笑呵呵地说："好！一言为定，这包烟我抽定了。"

斗嘴归斗嘴，出发前，两个人互相交换了照片，陈大海在送给李延培的照片背后写下了"1944年3月江苏省淮北"。李延培拍着陈大海的肩膀说："老陈，注意安全，你可别牺牲了，我还等着抽你的金虎牌香烟呢。"陈大海也捶了李延培一下说："你小子到时别耍赖就行。"

4月27日黄昏，总攻开始了，我军的迫击炮和掷弹筒炮弹在杨口敌军阵地上炸开，机枪“哒哒、哒哒”地不断给守敌“点名”。在火力掩护下，李延培带领第2团战士清除了路障，率先越过壕沟，一阵猛冲猛杀，迅速突进了杨口据点。李延培下令让战士们不做停留，快速向两侧和镇中心扩展穿插，把守敌分割成南北两块各个击破。在李延培的第2团攻下了镇东侧的4个大炮楼后，陈大海的第3团也突破进北部街区，但终归是比李延培晚了一步。

战斗持续到第二天上午，陈大海指挥第3团对北圩门的炮楼发动攻击，全歼了守卫之敌，东北门的伪军逃入新宅子据点。大的战斗已经基本结束了，现在只有杨口街西南角的一座炮楼还在固守顽抗。当天下午，支队调来一门步兵炮，并用木桩做成了几门假炮，炮口对向炮楼，我军向守敌喊话：“快点放下武器，不要为日本人卖命了!”“再不投降就用炮轰了!”在军事打击和政治攻势震慑下，走投无路的伪军缴枪投降，至此，1支队完全攻占了杨口街。

就在我军对新宅子据点进行攻击前准备时，天空中突然传来了“嗡嗡”声，只见3架日军战机向李延培他们的第2团阵地飞来，疯狂地投弹扫射。李延培迅速指挥大家趴下隐蔽，并组织机枪对空射击。日机折腾了一阵，“哼哼”地飞走了。

我军开始攻击，李延培对支队首长说：“我小时候放羊，那时候最怕狼吃羊，有时小伙伴会开玩笑喊‘狼来了’！大人说‘不敢乱喊，不然到时候狼真的来了就没人相信了’。我觉得咱们也可以给敌人玩个‘狼来了’的把戏。”支队首长觉得这是个好建议，于是，一出真真假假、虚虚实实的好戏上演了。

当天晚上，我军向新宅子发动佯攻，一时间喊声震天。守敌见状慌忙枪炮乱射，消耗了许多弹药。随后，我军时不时就发起一通试探性攻击，守敌又是一阵忙乱。如此这般来来回回，守敌被折腾得疲惫不堪，认为我军不过是虚张声势，渐渐地还击也不那么认真了。

佯攻计进行了几天后，真正的攻击开始了，养足了精神的第2团和第3团战士像小老虎一样冲向敌人阵地，李延培和陈大海依然暗中“较劲”，希望自己的团多杀敌立功。已逐渐懈怠的敌人没料到这回“狼”真的来了，仓促应战不久就全面“崩盘”，我军攻克新宅子，历时16天的高、杨战斗胜利结束。此战1支队累计攻克敌伪据点14处，摧毁炮楼150余座，全歼伪军2000余人，毙伤出援日军140余人，缴获长短枪1164支和机枪、掷弹筒、野炮等大批军械。

战斗结束后，李延培“迫不及待”地跑到第3团讨要“赌注”，一到团部他就大声嚷嚷：“陈大海，这回可是咱2团先攻进的杨口，你可要愿赌服输啊！”

陈大海佯作不情愿地把一盒金虎牌香烟扔给李延培，嘴里嘟囔着：“哼！算你运气好，算老子倒霉，下次战斗我们3团非赢回来不可！”

李延培哈哈笑着，撕开烟盒取出一支香烟点上，美美地吸了一口，看着吐出的烟圈袅袅飘起，心中充满了胜利后的喜悦和畅快。

二、除夕破敌巢

1944年9月13日，1支队开始了拔除涟水县三里沟据点的战斗。

三里沟据点是个土圄子，圄子围墙有3米多高，里面有200多伪军据守。李延培安排第2团10连、11连主攻，并连夜制作登墙云梯。

进攻从西围墙和北围墙同时展开，第2团11连指导员贺军泰带领战士冲到围墙前架好梯子，准备强行爬上围墙。

贺军泰浓眉大眼、面庞清秀，有着一股军人的刚毅气质，他和李延培都是陕北清涧人，也是1935年和李延培一起参加红26军的“红小鬼”。参加革命以来，贺军泰和李延培几乎都在一个部队并肩作战，共同参加了直罗镇、东征、山城堡、平型关等多场战役，是好战友好兄弟。

当贺军泰和战友们冒着弹雨攀梯而上的时候，一颗手榴弹“轰”的一声在旁边炸响，贺军泰只觉得后背被人重重地推了一把，直挺挺地从梯子上摔了下去，昏迷过去。

过了一会儿，贺军泰缓缓醒来，模模糊糊中他看到了一张熟悉的面孔，是副团长李延培。贺军泰声音微弱地问：“老李，看来我是要交待在这儿了。”李延培含着泪水安慰：“军泰，没啥大事，就是腿上受了点小伤。你安心休息，这里就交给我们了，一定要让这群王八蛋好好还债!”他指挥卫生员紧急给贺军泰包扎伤口，送到阵地后方救治。

接着，李延培带领战士呐喊着向敌人冲杀，他们争先爬上土墙冲进圄子，展开歼灭战。战斗进行得非常顺利，不到两个小时，200多伪军全部被歼，伪军大队长范乃济被击毙，100多敌军被俘。

后来贺军泰才知道，他的右小腿被弹片炸出了一个8寸多长的大伤口，肉都炸飞了，成了一个血肉模糊的大坑，幸亏李延培及时发现，把他背到一个小土沟里让卫生员包扎并及时送下去抢救，否则失血过多会有生命危险。战斗结束后，贺军泰到卫生队治疗了3个多月才痊愈，他握住前来探望的李延培的手说：“谢谢你救了我！不然我的命就保不住了。”伤愈后的贺军泰走起路来有点瘸，他也被鉴定为三等乙级残疾，李延培给他做了证明。

1945年是全面抗战的第八年，苏北淮海区军民迎来了传统的春节。虽然久经战乱，但人们还是希望过个欢欢乐乐的年。除夕前几天，家家户户就忙碌开了，杀鸡宰鸭、蒸馒头、做大糕、包饺子，充满了欢乐的气氛。淮海军分区1支队的战士们有的排练秧歌，有的练习歌曲，还有的准备耍狮子舞龙灯，大家八仙过海、各展其能，和当地群众一起联欢过节。年关临近，上级还特许家在驻地附近30里以内的干部战士回去和亲人团聚。

就在军民同欢迎新春的时候，枪炮声打破了宁静与祥和，阴云布满了天空。趁中国的春节到来之际，驻沭阳日军派出米森小队和伪沭阳保安大队近300人，杀向我抗日根据地，进占了沭阳城西南的叶圩子，并抓民夫构筑圩墙、修建工事。这个伸入到我抗日根据地内的据点严重威胁着周围群众的安全。

2月10日是阴历腊月二十八，这一天，正在为部队张罗年夜饭的李延培突然接到支队紧急命令：鬼子进占叶圩子，被批准回家还没有离队的一律原地待命，已离队回家的连夜通知归队，做好打掉叶圩子据点的准备。

军情紧急、军令如山，第2团立刻取消年节活动，正和家人团圆的指战员也都火速赶回驻地，全团进入紧张的战备状态，决心给敢来挑衅的日伪军一个教训。

李延培派出的侦察员回来了，他们报告了叶圩子据点的情况：据点虽然不大，但日军布防很严实，周围筑起了3米高的圩墙，墙外挖了5米宽、2.5米深的壕沟，壕外用高大的树冠组成纵深5米的鹿砦，上面还绑了集束手榴弹，防御工事还在继续修建。整个据点由日军小队防守南半部，伪军大队防守北半部。

虽然叶圩子据点防守坚固，但也有着远离主力、突出孤立又立足未稳的弱点。我军经过研究，决定出其不意攻其不备，在日伪军警惕性最弱的除夕之夜发起突然袭击，发挥我军夜战近战的特长，集中优势兵力踏破敌巢。

2月12日是农历大年三十，1支队主力隐蔽进至叶圩子东南的墙头圩。除夕夜晚，攻击突然开始了，我军炮火对日伪军展开轰击，各团在火力掩护下也开始猛烈进攻，完全没有意料到我军行动的日伪军一片慌乱。李延培带领的攻击分队从几个方向同时发起冲击，他们炸开树枝障碍，引爆铁丝网上的集束手榴弹，迅速冲过外壕，进至圩墙底下。

李延培大声命令：“同志们，立功的时候到啦，3个战斗小组按3、2、

1的顺序攻击。”第3小组首先搭起长梯攀爬圩墙，凶顽的敌人用刺刀把爬到墙头的我军战士捅死，再合力把梯子推翻。李延培见状马上指挥第2小组战士扶起梯子，几个人在下面牢牢顶住，其他人继续往上攀登，结果战士们一个个又被捅了下来。这下李延培急了，他命令第1组战士每人在腰间别上几颗手榴弹，自己一把抓过梯子，带头往上爬，并招呼第2小组、第3小组剩下的战士也跟上。爬到一半，李延培大喊，“快扔手榴弹!”他挥手扔出一颗，接着，一颗颗手榴弹飞上了围墙，发出阵阵轰响，爆炸的气浪把几个战士掀下了梯子。李延培带领大家奋不顾身往上冲，在一声声爆炸的火光硝烟中迅速登上墙顶，消灭顽抗的敌军，冲入圩内，展开了一番短兵相接的战斗，更多的战士也冲了进来。叶圩子据点内有三个套院，被突破防线的敌军退入院内依托内外工事进行顽抗。

李延培指挥第2团4连冲向东北角的一个套院，但被大门口地堡内的机枪封锁在街角无法前进。李延培见状，指挥战士集中射击碉堡的射击孔，一个身材魁梧的战士借着火力掩护，瞅准机会快速匍匐到地堡前，把一束手榴弹塞进地堡内。随着“轰隆”的巨响，地堡里的敌人被炸飞，机枪也变成了哑巴。李延培和战士们一跃而起，快速冲进院内。一个日本军官双手握着战刀，带领院套里七八个日本兵“哇哇”叫着冲了上来。战士们正要冲上去和鬼子肉搏，李延培拦住了他们，大喊：“开枪解决，不要耽误工夫!”大家端起枪一通射击，日军纷纷倒地。那个日本军官挥刀向李延培劈来，李延培抬手“砰砰”几枪将他放倒，后来才知道，被他打死的鬼子军官正是日军米森小队长。

据点内的战斗已经结束，剩下一部分死硬的日军龟缩到了最后一个套院角的小草棚和房屋做垂死挣扎。李延培带领战士从三个方向包抄过去。李延培刚拽出来一颗手榴弹，突然一颗手雷在不远处爆炸，弹片划破了他的右手臂，他忍痛叫道：“放火烧小鬼子!”战士们用棉花球蘸上煤油，点着后把棉球绑在手榴弹柄上向房子扔去，有的用长竿挑着火点燃房檐。霎时烈焰熊熊，火光照亮了天空，大火在房顶上逐渐连成一片，“毕毕剥剥”的燃烧声响个不停。顽抗的日军满身烟火，像疯狗一样乱窜，几个忍受不了烟熏火燎跑出屋来的，被守候的李延培和战士们举枪一个一个“点了名”。

叶圩子战斗结束了，近百名日伪军被击毙，9名日军和180名伪军当了俘虏，敌人重建据点，打通沭宿交通和分割根据地的阴谋被粉碎，根据地的军民总算能踏踏实实过一个好年了。

三、阻援保胜利

1945年春，世界反法西斯战争节节胜利，侵华日军也在全国军民英勇抗击和打击下日薄西山。兵力不足的日军为加强长江下游的防务，防止美军在华中沿海登陆，将阜宁等地的兵力南撤至长江沿岸地区，阜宁各据点的守备由从河南开封调来的汪伪第二方面军孙良诚部接替。

阜宁古称黄浦，宋代时称庙湾，清雍正九年（1731年）建县，有着“江淮乐地”的称号。它南接盐城，北连灌云，东濒沿海，西邻涟淮，射阳河与串场河在这里交汇，（南）通（赣）榆公路由此通过，河流纵横，水陆交通较为便利，是苏北盐阜地区的经济中心、军事要冲和交通枢纽。

1945年4月，新四军第3师按照党中央“消灭敌伪，扩大解放区，缩小沦陷区”的指示，决心趁日军南撤、伪军战力不足发起阜宁战役，拔掉这颗突进盐阜抗日根据地中心腹地的“钉子”，打掉敌南京外围的前哨。

第3师决定首先肃清城北大顾庄据点，断掉敌人的左膀右臂，然后集中力量攻城。而李延培所在的1支队2团负责在城东的瓦房庄、窑湾子和小顾庄一线布防，阻击阜宁的敌军增援大顾庄。这一仗能否成功“围点”，“阻援”是关键。

4月21日，李延培和战友们连夜出发开赴预设阵地。乌云遮蔽了星月，寂静的夜晚只能听到战士们前进时沙沙的脚步声。为了加快行军速度，部队人不歇脚、马不停蹄、一路急行。到了吃饭时间，炊事班就将盛满窝窝头的一个个筐子摆在路边，经过的战士伸手拿起两个热气腾腾的窝窝头，在手里颠倒两下，再放进军帽中，边吃边赶路。休息时，大家就在路边就地躺下、露天野营。行军时，李延培不时地前后跑着，招呼大家跟上队伍。经过三天三夜的连续急行军，第2团按时抵达了小顾庄，并连夜构筑阻击阵地，准备迎接一场激烈的战斗。

4月25日，东方露出了鱼肚白，这时东边方向传来隐隐的枪炮声，李延培对战士们说："兄弟部队已经打响了，他们正在进攻大顾庄，阜宁的敌人会经过这里去增援，大家做好战斗准备。"于是大家枪上膛、弹上弦，全神贯注地等待敌人到来。

不多时，远处路上出现了一支黑压压的队伍，这是前来支援驻大顾庄的驻阜宁伪第5军军长王清翰的人马。当敌人进入小顾庄我军预伏区域时，李延培一声令下："打！"战士们立刻向敌军猛烈射击，伪军遭遇迎头痛击乱作一团，匆忙后退。稍做整顿，他们仗着人多，用炮火开路，再次向我军阵地扑来。李延培喊："炸他们！"战士们纷纷掷出手榴弹，伪军被炸倒一片，又狼狈退下。

伪军头目气急败坏，命令从左、中、右三路再次发起进攻，敌军叫喊着向我军阵地逼来。李延培命令："上刺刀，准备冲锋！"敌人越来越近了，突然，嘹亮的军号响起，李延培和战士们呐喊着冲向敌群，伪军们手忙脚乱抵挡了一阵，一个个丢枪甩帽、抱头鼠窜，督战队接连开枪打倒了几个溃兵也无法阻止。伪军指挥官眼见进攻失败，又害怕后路被切断，于是下令回撤，李延培率领战士们撵着伪军屁股一直猛打，直追到阜宁城下，俘敌100余人，还缴获了1挺意大利重机枪和一批武器弹药。

李延培他们在小顾庄一线的成功阻击，使进攻大顾庄的兄弟部队再无后顾之忧，他们扫除外围据点后，对大顾庄之敌发动猛烈攻击，摧毁了敌人工事、房屋，击毙了伪军大队长，残敌200余人举手投降。

到了4月25日中午，阜宁城外敌人全部被扫空，城内守敌成了瓮中之鳖。15时，我军发起全线总攻。李延培所在部队以犁庭扫穴之势从南门突破防线。经过一天半的激烈战斗，敌军工事被逐一摧毁，我军胜利攻克阜宁城，歼灭伪军孙良诚部2400余人，缴获全部武器装备，阜宁也成为我军在苏北战场上解放的第一座城市，日伪军向苏北根据地进犯的桥头堡被铲除。

阜宁战役的胜利，标志着李延培所在的新四军部队不仅善于游击战运动战，而且能以大兵团对防御设施较强的大城镇实施攻坚战。

1945年，中国人民长期坚持的抗日民族解放战争进入了战略反攻阶段，各解放区武装部队向敌占城市和交通要道发动进攻，迫使敌伪投降，同时坚决消灭拒绝缴械的侵略者及其走狗。

遵照党中央和新四军军部的指示，第3师和苏北军区分开，第10旅不再兼任淮海军分区，撤销各支队建制，恢复原部队建制。李延培所在的淮海军分区第1支队改为第10旅第29团，李延培任2营营长。

四、碧血照丹心

在今天的江苏省淮安市淮阴区环城路，有一座八角攒尖结构的淮阴解放阵亡将士纪念亭，亭内立有一座“淮阴解放阵亡将士纪念碑”，纪念解放淮阴城战斗中英勇献身的新四军烈士，纪念碑背面记载着解放淮阴的战斗经过。

1945年8月15日，日本宣布投降，而苏北淮阴、淮安等地的伪军却拒绝向我军缴械，准备接受国民党的改编，策应东进的国民党顽军李仙洲部，扰乱解放区。为歼灭负隅顽抗的日伪军，新四军决定以第3师主力回师苏北，攻击淮阴、淮安两城，发起两淮战役。

淮阴古称清江浦，它地处古淮河和京杭大运河的交汇点，运河在它的北侧湍湍流过。淮阴是南下北上的水陆交通要道，自古都是兵家必争之地。淮阴城城墙高12米，城墙上增修了工事，城四角和城门外筑有炮楼，城内主要路口筑有地堡，城四周运河和护城河外放置了鹿砦、铁丝网，形成了号称“铁城”的城垣防御体系。驻守淮阴的是隶属南京汪精卫伪政府军事委员会苏皖边区绥靖司令部的第28师潘干臣部，以及淮阴保安团和常备旅共9000余人。

1945年8月27日至8月31日，新四军第3师第10旅肃清了淮阴外围据点，李延培所在的第29团北上淮阴地区，直逼淮阴城。

苏北根据地人民行动了起来，地方政府成立“反攻动员委员会”，组织几万人的担架队和运输队，上万民工在3天内挖通了长达15公里的水道，将城壕中的水排尽，用行动支援新四军解放两淮。

夜色降临了，在距淮阴城西门外几里处的一个小坡上，站着几个新四军指挥员，李延培举着望远镜仔细观察着敌情。此时的淮阴城墙上亮起了多盏照明灯，把城外的开阔地带照得雪亮一片，如果还是夜间攻城，无法隐蔽前进的我军势必会被城上密集的火力大量杀伤。潘干臣这一招挺毒的，李延培心里念叨着，眉头皱成了一个深深的“川”字。

连续几个昼夜，李延培亲自带队反复侦察，功夫不负有心人，终于让他发现了守敌的规律。他兴冲冲地来到团部报告观察结果：守敌害怕我军夜袭，晚上防备森严，十分警惕，而到了白天就明显松懈了。

师首长对第29团反映的情况非常重视，经过仔细研究，他们制订了攻城方案：既然敌人认为新四军不敢白天进攻，我们就偏偏在白天发起总攻，出其不意打他一个措手不及。为了迷惑和麻痹敌人，我军一到天黑就派出小分队进行袭扰，制造准备夜间攻城的假象。

集结于城东和城南的第3师第10旅担任主攻任务，李延培所在的第29团负责从城东南角实施攻击。接到任务后，他们迅速由城西机动到指定位置构筑工事，做好进攻准备。

李延培发现，这一段城墙的地势并不高，他眼睛一亮，顿时有了主意。针对地形特点，他指挥战士挖沟取土，堆成了10多个比城墙还高出2米多的土丘，上面设置了机枪阵地，还挖掘了几条数十米长的坑道直通到城墙附近。

顽固的潘干臣拒绝了我军最后通牒，加紧构筑防守工事。白天，我军开始对淮阴城进行试探性炮击，炮声时紧时松、时断时续。守敌开始十分紧张惊惧，但两天下来，始终不见我军有什么大的动静，又慢慢懈怠了下来，他们认为新四军不过是虚张声势，到了晚上才会有大动作。

1945年9月6日正午，真正的总攻击开始了，我军火炮突然齐鸣，阵阵巨响撕裂了天空，炮弹如狂风暴雨般落在敌人工事上。正在懒洋洋打盹的守敌猝不及防，被炸得晕头转向、死伤一片。炮击结束，第29团团长指挥土丘制高点的机枪居高临下进行火力压制，部队按1营、2营、3营的序列快速展开攻击，顺利地破坏了障碍物，越过壕沟。

当第一梯队1营冲到东门附近时，城楼上和城门前地堡里的轻重机枪"哒哒哒"猛烈射击，子弹"嗖嗖嗖"的像蝗虫一样乱飞，不少战士倒在了冲锋路上，1营伤亡很大，进攻一时受阻，无法继续突破。

这时，李延培红着眼睛吼道："同志们，现在该看咱们2营的了，第二梯队跟我上！"于是，战场上出现了这样一幕场景：李延培和战士们利用沟坎作掩护快速前进。他们时而卧倒，时而匍匐前进，时而借着爆炸烟雾猫腰猛跑，很快就冲到了城门外的地堡前。看着地堡射击孔里喷吐出的火舌和身边不断倒下的战友，李延培往地上吐了口唾沫，狠狠爆了个粗口。他把三个炸药包绑在一起，又捆上一束手榴弹，将手榴弹后盖拧开，用一根细绳把拉环连在一起。他快速冲到地堡前，用木棍将炸药包支起来靠上去，然后回头对突击队员大喊："爆炸很猛，你们赶紧跳到壕沟里蹲下，堵住耳朵，把嘴巴张开！"看到战友们隐蔽好后，李延培自言自语："就用这个引爆吧。”他一手扶住炸药包，一手猛地拉动串着几个手榴弹拉环的细绳，一股股青烟冒了出来。离爆炸只有短短几秒的时间了，李延培猛地向前扑倒，紧接着身子几个翻滚，骨碌进了离城门不远的壕沟。

“轰隆隆”，几声剧烈的爆炸，大地都被震得抖动起来，尘土、水泥和砖石块的碎片被巨大的气浪卷起倾泻在李延培身上，他只觉着头发晕、嘴发木、胳膊发麻、耳朵嗡嗡响，身体被砸得生疼。钢筋水泥的地堡在剧烈的爆炸中灰飞烟灭，2营战士们又像猛虎般冲向城池。

在冲锋号和呐喊声中，李延培飘飘忽忽地站了起来，他晃晃脑袋，抖掉身上厚厚的灰土，突然觉得嘴里一阵剧烈的疼痛，一张口，“噗”地吐出一口鲜血，原来满口的牙齿都被撼天动地般的爆破震松，三颗牙混着血水脱落了。李延培顾不上这些，抹了一下满口的鲜血，稍微缓了一下神，就大步汇入前进的铁流中，从被炸开的突破口冲入城内。

攻进城后，李延培一面命令巩固缺口，接应大部队进入，一面派出两个排向两翼扩展，并向纵深迅猛穿插扩大战果。

这时旅部传来命令，要求接应在城西门进攻受阻的兄弟团，李延培一挥手：“2营跟我来！”他带领战士迅速从城内冲向西门，对守敌展开攻击。在城外城内我军的两面夹击下，西门的守敌支撑不住溃散了。就这样我军一个门一个门夺取，一条街一条街攻占，守敌节节败退，攻城战果不断扩大。

在城南门，还发生了一场壮烈的战斗。总攻开始后，第3师特务团突击连越过城壕，将云梯靠架在城墙上开始强行登城。敌人火力很猛，但我军战士不畏生死争先攀登。年仅19岁的第5班班长徐佳标背插红旗快速攀梯而上，很快就接近了城头。敌军慌忙向他射击，子弹击中了他，但徐佳标双手依然紧紧扒住城砖不放。他想抬起右腿翻身登上城墙，但两腿中了多发子弹，鲜血直流，已经没有了知觉。此时云梯也被敌人炸断，他整个人就高高悬挂在了城墙上。突然，徐佳标身子右侧城垛内被打哑的机枪又响了起来，正在冲锋的战友们一个个倒在血泊中，队伍被压制住难以前进。

徐佳标见状目眦欲裂，他使出最后力气，双手死死抓住城垛艰难向右挪动，猛地将自己的身体紧紧地堵在了枪口上，我军后续部队恢复了冲锋，冲过城壕奋勇攻上城头，而徐佳标为了胜利献出了自己年轻而宝贵的生命。

李延培曾经见过徐佳标几次，对这个话语不多但性格倔强的小伙子印象很好。知道了徐佳标的英勇事迹，听战友说战斗结束后找到他的遗体时，他依然趴在城垛上，双手紧紧抠住砖缝，后背有几个大大的弹洞，黑褐色的血凝固在破碎的军服上。李延培眼中充盈着泪水，双手紧握，声音微微发抖："好兄弟，好样的！"

淮阴总攻战仅用了不到两个小时胜利结束，这个被日伪盘踞6年半多的苏北重镇宣告解放。此战我军歼灭、俘虏汪伪军9000余人，击毙伪第28师师长潘干臣，缴获轻重机枪及长短枪数千支，火炮10门，还有其他大批物资。

为纪念"清江战役"胜利，李延培和战友们拍下了两张珍贵的合影。第一张是他和44名新四军战士在商行或者蛋粉厂的砖木房前拍摄的，李延培两手搭在战友的肩上，大家的军装颜色深浅不一，款式也各不相同，上衣有长有短，李延培的衣服看上去偏长偏大，快成了齐膝的风衣。裤子的样式就更多了，有的穿着长裤打着绑腿，有的穿着短裤。鞋子也是五花八门，有缴获鬼子的皮鞋，有布鞋，还有草鞋。战士们手持的武器可谓"万国造"，步枪有中正式、三八大盖，还有汉阳造；机枪有歪把子，也有捷克式，真应了那句著名的歌词："没有枪、没有炮，敌人给我们造……"

战士们的姿势也各不相同，有的端着枪，单膝跪地，刺刀向着前方，摆出一副将要冲锋前进的姿态。有的站得笔直，显示出胜利者的傲骨和傲气。但不管怎样，每个人眼中流露出的都是犀利的、刚毅的、让敌人胆寒的目光。

另一张也是在攻克淮阴后，李延培和15名战友的合影，刚从战火硝烟中走出的他们直视前方，炯炯有神的目光中透出坚毅和勇猛。李延培的好战友贺军泰、薛剑强也在合照的人中，与贺军泰一样，薛剑强也是李延培多年的老战友，抗战时期他们在新四军第3师第10旅并肩作战，解放战争时期同在东北民主联军第2纵队第5师，是出生入死的兄弟，也是生死搭档。抗美援朝战争中，担任志愿军第39军第116师参谋长的薛剑强在突破临津江的釜谷里战斗中壮烈牺牲，朝鲜政府和人民为了纪念他的功勋，将釜谷里山改名为“剑强岭”。

在今天的（辽阳）第79集团军军史馆和（盐城）新四军纪念馆、（淮阴）苏维埃纪念馆，都有李延培和战友们两张合影的放大翻拍件，足以说明它们的史料价值。

淮阴战斗后，第3师收到了新四军军部的来电嘉奖：“淮阴之战赖我指战员奋勇用命，于短促时间内突入敌伪坚固城防据点，击毙敌酋，解放淮阴城，使我苏北、苏中、淮南、淮北打成一片，殊堪嘉慰。”9月14日上午，在淮阴城南公园举行祝捷大会。在云梯登城中用身体堵枪眼英勇牺牲的徐佳标被追认为“淮阴战斗英雄”，第3师和地方党委决定将徐佳标生前所在班命名为“佳标班”，将淮阴南门命名为“佳标门”，徐佳标也成为我军抗战时期涌现的“黄继光式英雄”。

攻克淮阴后，李延培所在的第3师第10旅9月13日进军包围了毗邻的淮安城。9月15日，第3师兄弟旅接替第10旅攻城，并于9月22日解放了淮安，歼敌5000余人。第10旅从进攻淮安的阵地换防下来后挺进响水口，大破伪匪徐继泰部，攻克一系列据点，控制了盐河两岸至海边地域，基本肃清了苏北残敌。

1940年到1945年是李延培战斗生涯中重要的岁月，5年间，他和第3师的战友们在苏北浴血奋战，作战5000多次，歼敌6万余人，开辟与巩固了4万多平方公里土地和800万人口的苏北根据地，部队也在斗争中不断发展壮大。李延培多次感慨地说：“我们这5年，是与苏北人民风雨同舟、患难与共的5年，苏北也是我的第二故乡。”

第八章　挺进白山黑水

一、铁军出关

就在抗日战争取得最后胜利，全国人民期盼和平的时候，以蒋介石为首的国民党反动集团却妄图发动内战，消灭中国共产党领导的人民革命力量。蒋介石一面做出和平姿态，邀请毛泽东到重庆谈判，一面调兵遣将准备向解放区进攻。在美国政府帮助下，蒋介石将躲在西南和西北地区的精锐部队抢运到华东、华北各大城市抢夺胜利果实，而有着重要战略地位和完整工业体系的东北，就成了国共争夺的重点地区。

中国共产党在争取和平的同时，对内战的严重危险有着清醒的估计，对于控制东北也十分重视。为保卫人民抗战的胜利果实，中共中央1945年9月19日发出指示，确定“向南防御，向北发展”的战略方针，决定从关内各解放区抽调2万余名地方干部、11万余名部队官兵，先于国民党军主力挺进东北，会同东北原有部队执行发展东北的战略任务。

1945年9月23日，淮安战斗结束的第二天，征尘未洗的李延培和新四军第3师指战员们便收到了华中局发来的紧急开拔北上的命令。当然出于战略保密需要，最终进军东北的目标只向团以上干部传达，其他人员采取分层级逐步知晓的方法，营、连基层干部则只知道部队要到山东扩大解放区，建设新的革命根据地。

李延培按照师团的指示，在2营进行了北上继续革命的动员，教育大家认清形势、明确责任。他在动员会上说："小鬼子被打跑了，抗战胜利了，我相信许多人和我一样，觉得和平的日子要来了，打了那么多年仗，也该歇一歇了。但是，国民党反动派不让我们和平，要消灭我们。我们只有继续战斗，到党中央需要的地方去，革命没有到头。"听着营长的动员讲话，全营指战员纷纷表示听从命令整装待发，积极做好战斗准备。

部队要出发了，武器怎么办？是都带上，还是留下来？当时有报告说，日本关东军在东北留下了数十万支枪支、几千门大炮和大量的物资，尤其在沈阳，库存的各种轻重武器足以装备许多部队。根据这一情况，上级曾指示第3师把武器装备都留给地方部队，自己轻装北上。但后来考虑到，当时苏联军队出兵打败了关东军，日军囤放的武器和物资现在都由苏军管理。而当前的情况瞬息万变，部队到了东北，万一拿不到武器岂不成了赤手空拳？所以部队最后决定，北上主力日夜兼程、火速行军，全副武装开进，只将多余的武器留给地方部队。

此外，现在虽然是9月下旬，但部队步行进入东北时应该已是寒冬天气了，所以必须未雨绸缪，提前考虑冬季作战和生活需要，于是在地方政府配合下，各旅开始紧急准备棉衣棉被。当然，李延培和很多基层指挥员当时并不知道最终目的地，对于这项命令也有些不理解，这才进入秋天不久，又只是去山东河北，现在准备棉衣棉被有点儿半夜做午饭——太早了，而且晋冀鲁的冬天他们也体会过，虽然也很冷，但还不至于如此"隆重"吧。但军人以服从命令为天职，他们还是按照师部指示积极准备，而到了东北后李延培才知道，部队首长的决策是多么正确和英明。

1945年10月4日，李延培和战友们告别了苏北人民，告别了战斗生活5年的土地，踏上了新的征程。苏北有抗战的岁月，有难忘的记忆，有长眠于地下的战友，这一切都让李延培留恋和不舍。部队从沭阳南胡集地区开拔时，当地政府工作人员和百姓扶老携幼，在路两旁依依不舍地欢送告别新四军。一位老人把一碗热水端给李延培说："孩子，记得回来看我们啊！"李延培双手接过水碗，像喝壮行酒一样一饮而尽，动情地说："我们一定会胜利回来的！"

部队进入山东解放区，李延培和战友们受到了根据地党政军领导和当地群众的热烈欢迎。各地人民政府设立了茶水站、医务站和粮站，乡亲们用山东当地特产——煎饼、大枣慰劳子弟兵。李延培还喜欢上了山东人最爱吃的煎饼卷大葱，那薄薄香香的煎饼卷上当地葱白多葱绿少、微微泛甜味的大葱，"咔嚓"咬上一口，别提多来劲了。部队宿营时，房东还为战士们烧好了洗脚水，无微不至的关心使李延培和广大指战员深受感动。

1945年10月11日，李延培和战友们来到了新四军军部所在地山东临沂休整了两天。此时部队的行动计划也传达到了连以上干部，李延培这才知道他们要去东北。对他来说，东北只是个地名，那里的情况他一无所知，但东北和他的家乡陕北一样都有个"北"字，想来应该是个很远也很冷的地方吧，他知道，那是他将要战斗和生活的地方。

"长啸出原野，凛然寒风生"，时间已进入了11月，部队日夜不停地行进。越往北走气温越低，李延培感觉到了扑面的朔风带来的森森寒意。部队行进到冀东三河、玉则、先田一带时，班排长和普通战士也都知道了要到东北去建立根据地，不少人情绪有了波动。大家虽然没有去过东北，但听说那地方到处是冰天雪地，冬天零下三四十摄氏度。冷风像刀子一样能刺到人骨缝里，鼻子和耳朵冻僵后一碰就掉了。拉一下枪栓手就冻得粘在上面，一使劲"刺啦"就撕掉一层皮。撒尿也得用棍子敲着，不然热乎乎的尿转眼就冻成冰柱了。一时间各种说法神乎其神，弄得许多人心神不宁，尤其是来自南方的战士习惯了温暖湿润的气候，都表示宁愿在关里天天睡露天吃野菜，也不愿意去那种酷寒地方。

了解到战士们的情绪，李延培按照师里的安排发动干部开导大家，他自己也下到班排里耐心地做思想工作。听了师领导的动员讲话，他对东北已有了不少的了解，于是便现炒热卖："同志们，我刚开始也和你们一样，对去东北有想法。可是大家知道吗？东北不光有冰有雪，还有机械厂、兵工厂，还有大豆、高粱、玉米，还有人参、貂皮、乌拉草'三宝'，可是个好地方呢。"

看着大家听入了神，李延培继续说："东北是冷，可也不像说的那么怕人。我老家陕北，那里冬天也有零下几十摄氏度，我从小就在雪地里乱跑，习惯了也没啥。你们看，我还不是好端端地站在你们面前，耳朵也没有冻掉，人也没有冻死吗？"战士们禁不住笑了起来。

李延培语气慢慢凝重起来："大家知道我们为甚要去东北？因为国民党要运兵进东北搞内战，要是咱们不去，国民党就会用东北的粮食，还有被苏联红军缴获的日本关东军装备和物资打我们。我们咋办？不能眼睁睁看着东北老百姓受苦难，不能干坐着等着国民党消灭咱们，我们就是要听从命令去东北战斗，你们说，咱能怕苦怕冷当㞞包吗？"战士们纷纷高喊："不能！我们要到东北去！""打倒反动派！保证完成任务！"

经过广泛深入的宣传动员，大家对我军的行动理解了，战士们的怨气消散了，部队士气大振，指战员们纷纷表示要一不怕苦、二不怕冷、三不怕死，打到东北去，与国民党反动派干一场，坚决斗争到底！

思想通了，情绪上来了，部队行军的速度大大加快了。李延培和第3师战友们一路马不停蹄快速前进，1945年11月16日，先头部队第29团已经行至山海关附近，但他们发现，此时关隘已被国民党第13军第89师占领了。李延培立刻将这一情况报告，师首长和第29团各级指挥员一起前往观察情况。

远处，巍峨挺立的城楼、高大宽阔的城墙遥遥在望。在雄伟的燕山山脉映衬下，山海关这座"天下第一关"显得更加威严雄伟。建于明洪武十四年（公元1381年）的山海关是万里长城东起点的第一座重要关隘，它向北扼守着辽西走廊，向南护卫着华北平原，是关内关外的分界线，也是华北通向东北的交通要冲。现在，敌军占领了山海关，我军出关的咽喉被卡住了。硬打？山海关地形险要、易守难攻，强行突破不仅会造成巨大伤亡，还会耽误时间贻误战机。

好在长城并非只有山海关这一道关口，它沿线的关城很多，“万里长城十三关”中的黄崖关、居庸关、紫荆关、倒马关都在河北。而在长城喜峰口至山海关中间，还有一个重要隘口——冷口关，它是明初为蒙古兀良哈三卫入关进京纳贡修建的通道，戚继光任蓟镇总兵时曾在此修边城、筑敌台，抗战时期这里成为中国军队抗击日本侵略者的长城主战场之一。经过研究，第3师师部命令第10旅绕开山海关向西北行军，走小路赶到冷口关，出关后再取道前往东北重镇锦州。

李延培带领第2营作为先锋团第29团的尖兵部队，以急行军速度直插100公里外的冷口关。不到两天的时间，关口就映入了李延培的视线。经过战火摧残的冷口关破败残缺，砖、石、土结构的城墙上长满了荒草，山坡上青、褐、黄间杂的岩石给凤凰山涂上了斑驳的色彩，塌了一角的城楼在夕阳残照下格外形单影孤。显然国民党军没料到我军这么快就从这里绕道出关，百密一疏的他们没有在这里布防重兵。李延培带领部队一个急冲锋，打散了防守的少数国民党地方部队，抢占了关隘要点，掩护大部队顺利通过。出关后，第3师进入热河省境，继续向东北方向开进，直奔300多公里外的锦州。

为迅速抢占战略要地，阻止国民党军扩张，部队下达了急行军的死命令，每天急走近70公里。连续的高强度行军，加上较低的气温，指战员们体力和热量消耗很大，单薄的秋装更是难以抵御关外的寒冷。那时的道路状况不比今天，崎岖不平的小路山路很多，许多战士的布鞋都磨破了，感冒发烧病倒的人也不断增多。一些战士拄着拐杖咬牙坚持，紧跟着队伍避免掉队。

一路上，李延培和营连干部们不断鼓动加油，带头齐喊“团结互助，渡过难关”“发扬红军‘铁脚板’精神，一口气走到锦州去”的口号，激励大家战胜困难、争取胜利。部队还开展了“三好”运动，即吃好饭、睡好觉、走好路，以及思想互助、体力互助的“两互助”活动。李延培还在生活上细致关心战友。他看到有的战士脚上磨出了大血泡，就扯下布条给他们包扎，夺过战士的枪自己扛上。宿营时，李延培像慈祥的老奶奶一样，就着篝火给战士挑破脚上的血泡，那粗手大脚又无比细心的样子让大家感动。为了让生病的战士吃上可口的热饭，李延培还到炊事班帮厨，亲自动手做病号饭。部队宿营休息了，李延培举着火把挨个连队查看，发现有个山东籍大个子战士睡觉没有盖的，蜷缩成一团抵御夜里的寒气，李延培急忙让通信员拿来自己的棉被给他盖上，自己在篝火旁不停地踱步，猛搓双手取暖。天放亮了，部队继续开拔，李延培又让人牵来战马给伤病员骑上。

1945年11月25日，历经严寒苦累的李延培和战友们终于按时到达锦州以西的江家屯。从苏北出发以来，新四军第3师这支光荣的铁血部队徒步行军1500多公里，纵跨江苏、山东、河北、热河、辽宁等省，胜利完成了进军东北的任务。

1945年年底，新四军第3师第10旅第29团正式改编为东北人民自治军第3师第10旅第29团，李延培担任第29团2营营长。

二、绝命阻击

在解放战争时期的东北战场，有很多著名的战役和战斗，如辽沈战役、三下江南、四保临江、血战四平等，而有一场战斗并不为很多人所知，这就是发生在1945年12月的义县保卫战。那么，它同1948年9月拉开辽沈战役序幕的那场义县攻坚战相比有什么特殊意义？李延培在这场战斗中又发挥了什么样的作用呢？

义县位于东北门户城市锦州的北面，是锦州到沈阳之间的交通枢纽，从关内来的队伍，尤其是从延安总部来的机关和部队都要从此处经过。因此，义县是掩护我军在阜新以北展开部署的前哨，对敌我双方都十分重要，谁占领它，谁就有了战略主动权。义县保卫战正是李延培带领团队进入东北打的至关重要的第一仗，在东北革命战争史上应该记上浓墨重彩的一笔。

李延培和战友们初进东北时，面临的是令人头疼的“七无”状态，即无党（组织）、无群众（支持）、无政权、无粮食、无医药、无衣服、无鞋袜。来自苏北和江淮的指战员们对当地地理民情一无所知，也不适应这里的严寒气候，行动上遇到了很大困难。在国民党的欺骗宣传下，当地百姓最初投向新四军的是怀疑的眼光，自然也谈不上群众基础了。部队的被服给养也遇到了难题，虽然有棉衣但相对单薄，难以抵御关东地区的苦寒，大家基本上没有棉鞋、棉帽和手套。“七无”局面使我军士气受到一定影响，长途跋涉后部队也十分疲劳，战斗力有所下降。

东北民主自治军总部决定，在此情况下暂不急于和国民党军队决战，先进行短期休整，做好体力恢复和物资准备工作，并以一部分主力占领中小城市，建立乡村根据地，为长期斗争打好基础。11月21日，中共中央军委电令东北人民自治军坚决打击山海关向锦州进犯之敌，掩护我军从沈阳、长春等大城市有序撤退。

1945年12月初，李延培所在部队接到命令，前往义县一带布防，阻击锦州向北推进的国民党汤恩伯部第13军第89师，掩护东北人民自治军总部（简称“东总”）和第3师主力向阜新转移，破坏其截断我军北进去路，将我东北局、东总机关高级领导和第3师一网打尽的图谋。于是，在义县构筑起阻挡敌军的坚固屏障就成为李延培所在的第29团的艰巨任务。

当第29团接到命令时，他们离义县还有10多公里，而此时敌军离义县只有6.5公里了。时间就是生命，时间就是胜利，必须抢在国民党军前到达义县。李延培对第2营战士们大喊道：“咱们要拿出老八路、老新四军的作风，和敌人来一次赛跑，一定要比他们先到！”战士们精神振奋齐声回应：“坚决完成任务！”于是，两支队伍无声的速度较量同时展开了。

这是一次比作风、比毅力、比速度的行军。漆黑的夜幕下，第29团指战员像离弦的箭一样跑步前进。李延培跑在2营最前面，不时地回头招手呼叫：“跟上，快跟上，加速前进！”黑暗里只听到粗重的喘气声和战士们快速的脚步声。夜间气温很低，众人嘴里呼出的热气甚至在队伍头顶盘旋成了一股雾气。急行军途中，陆续有7名战士因为过度疲劳心力衰竭而倒下，但其他人没有退缩，没有叫苦，大家只有一个念头：抢占义县！第二天天刚放亮时，李延培和战友们终于先敌一步到达并占领义县，赢得了与敌人“赛跑”的胜利。

1945年12月28日，在义县七里河子抢修工事、担任防御任务的第29团2营迎来了东南、西南和火车站3个方向的敌军进攻。抬眼望去，远方的地平线上出现了黑压压的敌军，李延培叮嘱：“大家节省子弹，不到100米内不准开枪。”敌人越来越近了，很快离阵地只有60多米了，李延培手一挥，我军阵地上立时枪声大作，敌人不顾同伴不断倒下，依然像潮水一样向前涌来。近了，更近了，2营战士们投出一颗颗手榴弹，接连不断的爆炸声后，敌人像潮水一样退了下去。过了一会儿，第二波进攻又开始了，接着是第三波、第四波……李延培扯着嗓子大喊：“同志们，东总首长的安全就靠我们了，我们就是全死在这里，也不能让敌人前进一步！”就这样，指战员们拼死力战，敌军一次又一次进攻被击退，七里河子阵地像一道坚固的大坝，在潮水的冲击下岿然不动。

战斗正激烈进行，通信员满头大汗跑来报告，敌军攻破了右翼冀热辽军区第30旅的防守阵地，逼近了义县火车站，坚守七里河子部队的后路已受到威胁，因此旅部命令他们撤回义县县城继续阻击，掩护旅主力向北转移。坚守稳如山，转移一阵风，接到命令的李延培迅速带领2营脱离战场回到义县，依托城墙做好阻击战的准备。

义县县城有一道砖石包土结构的城墙，城外东、西、南三面有4米宽、2米深的护城河，城北是大凌河，城南1.5公里处是火车站。针对敌我兵力悬殊的情况，李延培和营教导员李刚按照团里要求紧急做好兵力部署，制订了边抗击、边掩护、边后撤的作战方案。

炮弹划过天空发出尖锐的啸叫声，爆炸掀起的砖石土砾在城墙上飞溅，浓浓的硝烟四处弥漫。国民党军以4个团的兵力对义县展开了凶猛进攻，2营战士依托城墙垛口猛烈射击杀伤不少敌人，打退了敌军多次进攻，2营的伤亡也不小。

又一次进攻开始了，更加猛烈的炮火覆盖了城墙阵地，敌军的坦克装甲车也出动了，不断向城防逼近。这时通信员前来报告，东门敌人火力太猛，我军防守人数又少，城门已被攻破！李延培闻讯立即带领一个连赶过去封堵，此时敌军已经狂叫着蜂拥进入城里，李延培指挥大家依托房屋节节抵抗，一方面杀伤敌人，一方面为主力转移争取更多的时间。

李延培正在指挥抬下伤员救治，忽然身边的战士大喊："营长，有铁王八！"他回头望去，只见几辆坦克轰隆隆地开进城门冲了过来，炮塔上的机枪怪叫着，把街头堆积的防守沙袋打成了碎片。

李延培招呼大家："都到小巷子去，他们的铁乌龟个头大，开不进来。"义县城中许多街巷都很狭窄，李延培便带领战士们退到窄巷里，这下子笨重的坦克和装甲车也没了用处。李延培他们在民房和院落之间穿梭，同敌人打起了巷战。他们东边打几个冷枪，西边扔两颗手榴弹，从后面冷不防冲过来捅死几个敌兵。就这样把大量敌人拖在了东门内的街巷间不能顺利推进。在他们心中，多坚持一秒，总部机关和大部队的转移就多一分安全。

激战一直进行到下午，李延培见阻击迟滞敌人的目的已经达到，便带队撤向北门，当他们冲出城门准备通过大凌河上的桥时，猛然一阵枪弹迎面扫来，几个战士中弹倒下，李延培急忙命令隐蔽。原来，一部分敌人绕过了义县南门和西门来到了北门外，他们用火力封锁了大凌河桥，堵住了2

营向北的退路。

后有追兵，前有堵截，枪声一阵紧似一阵，情况万分危急！身经百战的李延培这个时候依然十分冷静，他紧急调来所有的“重火力”：两挺重机枪和几挺轻机枪，一声令下突然猛烈齐射，桥上和桥对岸敌军的机枪火力顿时被压制了下去，趁着敌人一时蒙圈，李延培命令突击队员把缴获的美式手雷全部带上，像迅雷一样冲上桥，然后一齐向对面敌军投弹，猛烈的爆炸掀翻了路障和沙包，也炸飞了20多个国民党兵，包围圈出现了一个缺口，李延培带领战士们一个猛冲，控制了大凌河桥，击退了敌军。大家迅速通过桥梁，向西北方向撤退。

大凌河的北面是一大片沙地，这里除了一部分固定沙地，许多地方都是半固定沙，沙多土虚，踩下去多半只脚便陷进沙土中，很吃力才能拔出来，想跑也跑不起来。加上沙土流动严重，走起来一歪一滑，走一步还得退半步，某种程度上比走毛乌素沙漠还吃力。李延培和战士们拼足劲在沙地里艰难前行，敌人的子弹从耳边嗖嗖地掠过，炮弹在不远处炸响，掀起的沙尘扑面盖下，眼、耳、口、鼻中都是沙砾。大家顾不上这些，心想：你打你的我走我的，打中了算自己倒霉，打不中就继续往前走。就这样，这支队伍冒着弹雨、征服流沙，冲过了这片魔鬼地，脱离了险境。这时，李延培发现通信员没有跟上来，他到处寻找，有战士报告说在过桥时他就中弹牺牲了。李延培一言不发，慢慢摘下帽子，心中的悲痛全部写在了脸上。

就在李延培带队突围出城的同时，副营长薛剑强带领的守卫南城的连队也陷入了困境。面对攻入城中的大队敌军，薛剑强带领大家边打边撤，边撤边阻击，顽强地延迟着敌人的推进速度。当他们转过一个街角时，突然与一股敌人碰了个照面，几乎撞在了一起。事发突然，双方一时都愣住了。薛剑强及时反应过来，大喝一声：“杀！”冲上前刺倒一个敌人，其他战士也紧跟着副营长扑上前，刺刀捅枪托砸，不多时把这些敌军全部格杀。

经过奋勇冲击，薛剑强他们终于突破重围撤到了西北的村庄，但清点人数时发现，担任殿后任务的5连2排没有跟上来！

原来，2排在快出城时被数十倍的敌人截断，包围在了一条巷子里。5连连长王俊才并没有惊慌，他命令战士们："先不要往出冲，这会儿出不去的。咱们先在这儿跟狗日的耗，有咱们在这儿牵制，营里其他同志们突围也能少点儿压力，等天黑了咱们再想办法。"于是，全排利用房屋和院落与国民党军展开巷战，进行灵活顽强的抗击，敌人一时也无法完全拿下他们。

黄昏时分，敌人暂时停止了进攻，王俊才召集2排党员召开党小组会议，他郑重地说："天一黑，咱们就开始突围，共产党员要带好头，发挥好作用，我殿后掩护大家。"其他人还要争，王俊才摆摆手说："不要说了，就这么定了，你们赶紧各自准备！"

于是，大家确定了突围路线，掩埋了战友遗体。夜色降临了，2排突然发起反击，共产党员冲在最前面，轻伤的战士背着受伤不能行动的战士跟在后面，大家一阵猛冲猛打来到城门边，他们把剩余的所有手榴弹一起掷出，连续的爆炸掀翻了障碍，炸得阻截的国民党兵东倒西歪，大家借着还未散去的硝烟和混乱的场面，一鼓作气冲出了城。跑在最后的连长王俊才反身趴下射击，阻击敌人掩护战友，突然，一排罪恶的子弹打中了他，他拼尽力气射出最后一发子弹，慢慢地倒了下去，手指依然紧扣着扳机。2排剩下的战士终于趁着夜色突了出去，他们抬着伤员，靠着老乡的指引，向阜新方向急追，终于和大部队会合。

在义县战斗中，李延培指挥第29团2营与装备精良的国民党军4个团进行殊死搏斗，展开了一场可歌可泣的绝命阻击，抵抗和迟滞了国民党军优势兵力的猛烈攻势，成功掩护了东北局、东总机关和第3师主力安全转移。如果没有李延培他们在义县的顽强抗击，那么东北局、东总机关就有可能陷入国民党军的包围而出现不堪设想的后果。所以，义县之战虽然不是大兵团作战，仅仅是阻滞敌人的一场局部战斗，但它的意义却是全局性的，也是非常重大的。这也是相关军史、战史中都不惜笔墨记载这场战斗的原因，而李延培的名字也在各种相关史料文章和回忆录中频频出现。

三、雷霆破击

义县保卫战后，第29团在义县北二道沟继续阻击杀伤敌人，然后向五道沟转移。此时正值隆冬季节，天气突变气温大降，许多指战员的脸、鼻子、手脚都不同程度冻伤。李延培和战友们在异常艰苦的条件下克服困难，在阜新以北节节抗击敌人进攻，圆满完成了掩护师主力从辽西向库伦、哈尔套一带转移的任务，并于1946年1月上旬在哈尔套与师主力会合。

1946年1月4日，东北人民自治军改称东北民主联军。李延培任东北民主联军第3师第10旅第29团2营营长。

如果说义县战斗是一场英勇顽强的阻击战，那么接下来的务欢池战斗就是一次干净漂亮的攻坚战，李延培的2营和他的战友曹子平、王扶之率领的1营、3营协同作战密切配合，取得了攻坚战斗的胜利。

1946年2月上旬，国民党当局不顾国共两党“停战协定”，不断调兵遣将在东北发动进攻。2月9日，汤恩伯的国民党第13军第89师第267团先头部队第2营进占务欢池地区，对我军形成挑战和威胁。第89师是美械装备的第13军的骨干部队，战斗力在第13军中首屈一指，一向眼高于顶，对东北的“土包子共军”不屑一顾。他们认为，派出一个营就足够守住村落，睥睨我军了。

务欢池镇位于阜新的东北部，与沈阳、阜新、锦州、内蒙古相连通，是这一地区重要的交通枢纽。拿下它，不仅可以取得战术主动权，还可以给狂妄的国民党军以迎头痛击。考虑到敌人守军的战力，东北民主联军第3师在战术上重视敌人，决定集中优势兵力，杀鸡依然用“牛刀”，派第10

旅进攻务欢池。2月12日下午，李延培所在的第29团快速奔袭挺进至务欢池以南，切断了敌人的退路，并与第28团、第30团共同对务欢池形成了包围态势。第29团负责从西侧和北侧向务欢池街心实施主要攻击。

领受任务后，团里迅速组织营连干部勘察地形和敌情。务欢池属于丘陵地区，是沙壤土和褐土地质，村子东边低西边高，敌人把防御重点布置在了村西部。团部根据地形和敌人布防特点做出战斗安排：李延培率第2营在西北侧进攻，而第1营营长曹子平、第3营营长王扶之分别率部在西侧和北侧同时实施攻击。这三杆从西北到苏北又到东北的陕北“老枪”就如同三把利剑，同时刺向务欢池的“心脏”。

曹子平、王扶之与李延培同期参加红军，他们和李延培土地革命、抗日战争和解放战争时期在陕西、山西、江苏、山东、东北等多个地方并肩战斗。三人的关系十分亲密，可谓无话不谈，这次相互打配合攻坚更是合作愉快。

2月12日黄昏，对务欢池的进攻开始了。第29团3个营同时在预定方向发起冲锋，国民党军依托坚固的民房和院墙进行抵抗，一挺挺机枪喷吐着火舌，把1营和2营的冲锋部队压在村落院墙外抬不起头来。李延培观察了一番，发现敌军侧后方是火力射击的死角，他命令突击队6连迂回过去进行袭击，并组织2营机枪步枪齐射吸引敌人注意力。6连战士贴着墙根向敌人机枪阵地侧后方接近，他们到达有效位置后，机枪、手榴弹一通猛打，捣毁了守军的机枪阵地。第1营、第2营战士一跃而起，迅速冲进村庄，他们翻过高墙，攻入村西北角一个大院，歼灭了房上和屋内两个多排的守敌，随后向村中心迅猛突进。

2营攻到村口，架设在房顶的守敌机枪猛烈射击，战士们只能靠在墙边，或躲在石磨盘后。李延培调来几挺机枪进行火力压制，掩护突击队员翻墙入院，向屋内和房顶猛掷手榴弹。大家在爆炸声中撞开大门冲进大院，消灭了这股敌人，然后继续向村中心发展。

在2营对付村口院中守敌的时候，王扶之率领3营也从北面突入村中，3个营汇聚成了一股强大的力量，把务欢池防守堡垒一个个摧毁。攻入村中的我军战士与敌人展开了激烈的近战，并利用突击小队勇猛穿插，把敌军分割成一个个小块。

李延培指挥2营与敌军展开逐院逐屋的争夺，守敌见情势不妙，躲进一处富户的大房子里，插上门闩，在墙上掏出大洞向我军射击，几个冲过去的战士中弹倒地。李延培见状急了，他拿过一个筐子，里面装上10来颗手榴弹，贴着房屋墙壁向前摸去。到了窗户前，他掏出一颗手榴弹，猛地敲破细木窗棂和窗纸，拉响手榴弹扔进屋中，接着又是一颗、再一颗……随着"轰轰"连续的爆炸声，火焰、土石、家具残块和胳膊腿碎片一起飞出窗外，房子炸塌了半边，里面的敌人全都见了阎王。李延培也被巨大的气浪推了出去摔在地上，大家扶起他时，只见他满脸熏得黢黑，破了许多洞的军服上全是尘土，身上也有几处创口。

经过不断突入彻夜激战，第二天天亮前第10旅各团在务欢池中心大院会合，攻坚战斗胜利结束，我军全歼守敌一个营，缴获一批枪支、弹药以及战马。

务欢池战斗是我军进军东北后对国民党军队的第一次攻坚战，通过这次破击村落，对敌人工事构筑、火力配置等战斗特点及战力有了进一步了解。此战胜利不仅打击了敌人疯狂的进攻气焰，而且消除了我军对美械优势装备之敌的顾忌心理，鼓舞了斗志，坚定了信心。

务欢池战斗中，第29团1营营长曹子平、2营营长李延培、3营营长王扶之的"辽西铁三角"的名声传开了。三人紧密配合、并肩战斗，更成为战场上的莫逆之交。战后三人都互送了照片，王扶之给李延培的照片背面用开玩笑的口吻写道："延培同志，不要讨厌，收下作为留念。"

此后，曹、李、王"铁三角"继续在东北战场共同杀敌。新中国成立后，曹子平和李延培都在东北黑龙江省工作，曹子平先后担任龙江军区副司令员、辽宁省军区副司令员、辽宁省军区顾问，两家一直来往密切。王扶之在抗美援朝战争爆发后奔赴朝鲜前线，担任第115师师长。在临江以东阵地指挥部的坑道里，他被美军轰炸机的炸弹炸塌坑道埋在了地底下，人也晕了过去，整整38小时后，才被战友们救了出来。

务欢池战斗后，经过短暂休息，29团奉命进至昌图以南地区集结，准备担任中长路沿线作战任务。

四、运动防御

在松辽平原中部的辽宁、吉林和内蒙古交界处，有一座著名的古城——四平。它之所以出名，是因为解放战争时期，这里发生了一场被外国记者称为“东方马德里”的激烈战斗。而在四平保卫战中，李延培英勇杀敌立下战功，被誉为“钢铁营长”。

1946年年初，国民党肆意扩大东北内战，他们以5个师的兵力从沈阳沿中长路向四平推进，企图控制四平、长春、哈尔滨等城市，进而占领整个东北。为粉碎敌人的阴谋，东北民主联军针锋相对，决定立即夺占四平。

四平北望长春、南指沈阳，是东北的铁路、公路交通枢纽，中长铁路、四（平）洮（南）铁路、四（平）梅（河口）铁路在此交会，公路交通也是四通八达。蒋介石曾公开宣称：“没有四平就没有东北”，可见其战略地位的重要。苏军撤走后，四平被国民党辽北省主席刘翰东和伪四平保安司令张东凯收编的土匪，以及日伪军残余“铁石部队”占据。

1946年3月17日，李延培所在的东北民主联军第3师第10旅与兄弟部队配合，一举解放了四平。伪保安司令张东凯、副司令王永清率小股敌人逃走，其余守敌全部被歼。

国民党反动派哪会甘心，他们在沈阳集中了5个军11个师的兵力，准备凭借军事优势夺回四平，进而进犯南满北满，而东北民主联军集中主力坚决扼守。1946年3月22日，李延培和第3师第10旅战友进至四平以南的铁岭南二台子、铁岭头、茂峰山、莲花泡、辽海屯一带进行运动防御，准备节节阻击、迟滞、杀伤、消耗北进蒋军，掩护我军主力向四平地区集结歼敌。

李延培他们面对的是两路敌军：一路是沿铁岭、开原、昌图向北推进的号称“天下第一军”的国民党新1军；另一路是企图占领法库，经八面城迂回四平的国民党第71军。其中新1军的第30师、第50师分别由皇姑屯、平罗堡北犯铁岭，第30师占领了铁岭，并继续向北攻击前进。

接下来的两天，在铁岭以北的平顶堡、孙家台等地，李延培率领第29团2营对敌人展开顽强阻击。敌军人数多、装备好、火力猛、战斗力很强，2营每分钟都承受着巨大的压力。为了减少伤亡，他们利用铁路、公路两侧的有利地形和坚固的工事进行抗击。战士们把敌人放近了打，发挥我军擅长的步枪、机枪、手榴弹配合打击战术，击退了国民党军第30师部队的多次进攻。

当又一波攻击结束，国民党军正往出发阵地后撤准备休息时，突然一阵弹雨朝他们后背猛烈袭来，东北民主联军的战士像神兵天降一样出现在他们后面，国民党兵猝不及防，被打死炸死不少。原来，这是李延培组织的反突击战术，他从每个连抽出一个排组成临时突击连，趁敌人进攻“再而衰，三而竭”后撤时展开突袭，收到了很好的战术效果。接下来，我军各部纷纷借鉴这种突击战术并不断多样化，有时敌军正面进攻时受到侧翼攻击，有时后撤时身后出现奇兵，进攻势头被大大削弱，不断损兵折将。面对数量和火力都优于自己的敌军，李延培和战友们展示了强大的战斗精神、坚强的战斗意志和灵活多变的战术风格。无奈之下，受创严重的国民党军第30师被潘裕昆的新1军第50师换下。

眼见攻击受阻，国民党军调整了部署，改由哈（尔滨）大（连）公路向开原城方向进攻，并于3月27日下午占领了开原车站。第29团作为第10

旅的第二梯队前往大清河铁路桥东北角的高地进行布防，保证兄弟部队右翼安全，为我军构筑防御阵地争取时间。

1946年3月28日黄昏，2营指战员们在战壕里静静地等待敌军的进攻。经过几天恶战没有好好睡觉的李延培有点儿疲惫，布满了血丝的眼睛显得通红，为了打消睡意的侵袭，他在嘴里塞了一条枯草根，慢条斯理地嚼着，好像能品出什么滋味似的，但他的注意力很集中，双眼紧紧盯着阵地前方。

突然，一阵隆隆的战车轰鸣声打破了原野的宁静，随即天空响起阵阵尖锐的呼啸声，接着一颗颗炮弹雨点般落在了防守阵地上，炸起满天的泥土和碎石。李延培他们和日本鬼子打了多年仗，如今深切地感受到，国民党军美式火炮的威力远远超过了日军的步兵炮、迫击炮和掷弹筒，如果不是提前构筑了完善的工事，我军就会遭受巨大的损失。即便如此，猛烈的爆炸还是把许多战士的耳膜震破，个别新战士缺乏经验，内脏被震得大出血当场牺牲了。

炮火延伸后，敌军步兵跟在坦克后面向2营阵地发起了冲击。李延培吐掉口中的草根，命令大家沉住气，等敌人靠近了对准步兵打。敌军越来越近了，钢盔闪耀的光亮直刺战士的双眼，李延培下令开火，瞬间密集的子弹像雨点一样射出，一颗颗手榴弹像冰雹一样砸下，敌军步兵被打得死伤一片，而发着瘆人怪叫的坦克已经冲到了我军阵前，机枪狂吼着不断射击。

李延培急忙命令："爆破组快上！"几个爆破组的战士抱着集束手榴弹和炸药包冲向坦克。一名战士卧倒在一辆坦克正前方，把炸药包放在身前，眼睛死死盯着这个钢铁怪物向自己轧过来。等到坦克临近了，他点燃了导火索，随后往一边滚去。随着"轰"的一声巨响，"铁乌龟"的履带被炸断，冒起了浓烟烈火不能动弹了。随后，另外几辆坦克也被炸瘫痪。敌人步兵在我军猛烈打击下乱了阵脚溃退下去。就这样，英勇的2营在兄弟部队配合下顽强地将敌人阻击在铁路桥和公路桥的南边无法越雷池一步。

敌人继续对大清河铁路桥我军阵地进行猛攻，为了缓解正面防守压力，李延培率领第2营突然从侧翼发起攻击，第29团团长王凤余指挥其他各营正面突击敌阵，国民党军的战斗队形被打乱，惊慌失措的他们以为受到我大部队包抄，急忙全线后撤，从大清河北岸退回南岸地区。在这场突击战中，2营6连连长杜仁义中弹牺牲，李延培的老战友，“辽西铁三角”之一的1营营长曹子平也负了伤。

就在大家刚刚缓了一口气的时候，大清河公路桥那边发生了新情况，使我军面临着严峻的考验。

原来，正面强攻不利的敌军玩起了阴的，他们看到此时正值枯水期，水位不深，于是在火力掩护下，派出先头部队一个连从一条单人通行的小路来到河边，企图强行渡河占领北岸阵地，掩护主力进攻。绝不能让敌人的阴谋得逞！第29团一面紧急部署用严密火力封锁小路，切断渡河敌军和后续部队的联系，使之成为一支孤军，同时派第29团2营以火急速度前往封堵。

李延培得到命令，带领全营战士跑步前往，当他们气喘吁吁地来到河堤上时，抢渡的敌军已经到了河中央。李延培对各连连长说：“他们在半中腰，前进后退都困难，咱们抓住机会，把他们消灭在水里。”于是，2营指战员们开始对半渡敌军进行猛烈射击，李延培看到一个戴着钢盔的国民党军指挥官挥着手枪吆喝着督战前进，于是拿起步枪，眯起左眼、屏住呼吸瞄准，然后稳稳地扣动扳机。“砰”，枪声响起，100多米开外的那个军官应声而倒，一头栽到了水里。其他国民党兵更加混乱一片，许多人准备掉头回对岸，但在水中行动哪有那么便利，于是你推我我搡你，纷纷跌倒在河水中，加上子弹不断飞来，死伤者无数。李延培命令迫击炮开始射击，炮弹溅起巨大的水柱，敌兵的尸体顺着大清河漂流而下，经过激战，偷渡的敌人一个连被全歼。

由于敌我力量悬殊，第29团在顽强阻击几天后奉命撤出清河北岸阵地，开原陷入国民党军之手。4月3日，敌第50师向昌图以南中长线上的马仲河车站展开了猛攻，企图打开一个防守缺口。刚刚在开原以北马千总台冒雨阻击敌军的第29团奉命前来抗击敌人，3个营将铁路东西两侧的狭长高地作为阻击阵地，2营在车站以北地域防守，并负责机动支援任务。

不久，敌第50师杀气腾腾地冲向车站，李延培见敌军已进至前沿阵地，于是发令开火。敌军原本以为马仲河车站防守兵力很薄弱，所以成密集队形一拥而上，都想夺个头彩，没想到遇上了猛烈的轻重火力，400多名国民党士兵被打死打伤，嚣张的锐气一下子被挫掉很多。第二次进攻，他们又变得缩手缩脚、患得患失，一天下来，精疲力竭的敌军不得不收缩后撤。但第29团战士们并没有松下劲来，因为大家知道，更激烈的战斗还在后头。

敌第50师师长潘裕昆调整火力，并调来了坦克和装甲车助阵，4月4日凌晨向1营和3营阵地发动了新一波进攻。猛烈的炮火向我军阵地狂轰，步兵在战车掩护下发起轮番冲锋，我军顽强据守击退敌人数次冲击。敌军组织了督战队和敢死队，玩命般地向我军阵地拥来。战至黄昏，第29团1营1连弹药告尽，敌军呐喊着冲上了阵地。1营教导员许乐夫急了，嘶喊着："跟他们拼了，死也不能后退！"他带领战士们与敌军展开了惨烈的白刃战，战士们用刺刀捅，用枪托抡，用铁锹劈，用石头砸，用牙齿咬，死战不退。敌人越来越多，我军战士不断倒下，已经挂彩的许乐夫身边只剩下了几个人，形势万分危急。

这时，敌人的侧后方突然响起了激烈的枪声，队伍登时大乱。关键时刻李延培率领2营赶来支援，他大声喊着冲在前面，战士们如猛虎出笼般扑向敌人。这支无比骁勇的生力军从背后给了敌人狠狠一击，很快改变了战场局势，冲上来的敌军被消灭了，几乎丢失的阵地又掌握在了我军手中。许乐夫猛拍李延培的肩膀感激地说："老伙计，你可真是及时雨啊！要不是你来了，我们阵地非丢了不可，我这条命多半也要在这儿报销了！”

北犯之敌在铁岭、开原地区连连受挫，国民党新1军不甘失败，继续加强进攻，并将第38师也投入战斗，攻占了昌图以及昌图火车站。

沿公路推进的敌军在昌图以北的长青堡和靠山屯一线又遇到了第29团的坚强阻击，两天下来，损兵折将不少，但没能前进多少。天黑了，敌军人困马乏，在营地里呼呼大睡。时间来到了后半夜，李延培带领2营指战员摸到敌营附近，准备进行夜袭反击。他命令侦察班战士干掉敌人的岗哨，然后剪开铁丝网，尽量靠近目标。做好准备后，李延培手一挥，我军的迫击炮开火了，炮弹落在了敌人营区，有些帐篷被打着了，睡梦中的敌兵被惊醒，慌乱地跑了出来。李延培一声：“冲！”带领战士们快速冲了过去，一阵枪弹手榴弹，敌营一片混乱。突然，一个存放弹药的帐篷被榴弹击中，发生了剧烈的爆炸，火光翻卷着升腾，半边天都被映红了。敌军士兵惊慌失措，乱冲乱撞，被打死炸死300多人，等到他们清醒过来组织反击，李延培已经带着队伍隐身在无边的黑暗中了。

东北民主联军第3师第10旅在正面顽强阻击、节节抗击敌人的同时，还加紧破坏铁路、公路，使国民党军机械化优势难以施展，原定4月2日占领四平的计划破产。国民党新1军军长孙立人在发给上司的电报中叫苦：“限4月8日攻克四平街有困难……愈前进愈感兵力不足……”蒋介石不得不将占领四平的期限推迟，并督促三路大军加快进攻速度和节奏。

1946年4月7日，敌第38师进犯至兴隆泉、魏河口和阎家烧锅一带，李延培指挥2营顽强阻击。第二天傍晚，东北民主联军集中了第3师第10旅，以及兄弟部队共计12个团的兵力发起全面反攻。见势不妙的敌军主力利用我军包围圈空隙脱离战场快速逃跑，但丢下了4个整连。这次反击共歼敌1200余人，虽没能聚歼敌军主力，但首次给了不可一世的国民党新1军重重一拳。李延培所在的第3师第10旅第29团与兄弟部队完成了铁岭至昌图之间的运动防御任务，18个日夜阻击了3个美械化装备师的轮番进攻，歼敌近3000人，有力掩护了主力部队向四平地区集结，使国民党军占领四平的计划变成泡影。

五、“神仙”之战

在保卫四平的战斗中，李延培和战友们在东北民主联军总部的指挥下机智灵活英勇作战，打了不少硬仗、漂亮仗，而金山堡设伏和神仙洞这两仗对李延培来说一是发挥了重要作用，二是依托有利地形打得酣畅淋漓，用他自己的话说，这是两场“神仙战”。

国民党军铁了心要夺回四平，他们先后以第71军、新1军、第52军、新6军从不同方向蜂拥逼近。陈明仁的第71军第87师和第91师占领法库县城后沿公路北进，企图绕道八面城迂回攻击四平。东北民主联军立即调整部署，迅速集结优势兵力，决定先打战力相对弱一点的敌第71军。

1946年4月9日，敌第71军第87师在师长黄炎率领下孤军冒进至金山堡、秦家窝棚一带，东北民主联军决定抓住这一有利战机，由第3师独立旅第3团和第70团沿公路节节后撤诱敌深入，同时集中14个团优势兵力在大洼、金山堡附近地区设伏，一举吃掉第87师。

金山堡位于昌图西北部，四平、八面城以西，地势概括起来就是南险北平。村子的南面是几十里长的大沟，地势起伏、沟渠纵横，北面与招苏台河之间是10多平方华里的开阔地。一条公路从村旁经过，公路边是一片茂密的林带，十分适合隐蔽和出击，这里就是我军“十面埋伏”的主战场。

4月14日，李延培的2营在金山堡、大洼一带和兄弟部队一起布好了“口袋阵”，参战部队全部进入预伏阵地，完成了战前一切准备工作，就等着敌军往里钻了。李延培兴奋地对教导员李刚说：“当年在山城堡就是这么个打法，好像又回到过去了！”有个年轻的连长好奇地问：“营长，山城堡是咋回事？给我们讲讲呗。”李延培陷入了回忆：“那是民国二十五年的事了，那会儿胡宗南部队的78师要打红军，结果咱们的部队就在山城堡打埋伏，一家伙就把他们全干掉了。”李刚兴奋地说：“好啊，那时是山城堡，今天是金山堡；那会儿是78师，今天是87师，我看都差不多，反动军队都逃不出咱们的埋伏圈，都要完蛋。”大家听了都群情激昂，期盼着胜利时刻的到来。

1946年4月15日，敌87师在我军“引诱”下步步进逼。傍晚时分全部进入金山堡我军伏击圈。随着进攻的信号弹高高升起，一时间万弹齐发，爆炸声响彻四方，喊杀声震耳欲聋，我军各部迅猛出击，敌军陷入一片混乱之中。运兵的汽车，运输给养、弹药、重武器的大车瘫痪在公路上，整师人马被压缩在以金山堡为中心的十几个村庄里。我军及时占领了团山子高地，截断了敌87师退路，隔断了他们与敌91师的联系。我军不断向纵深穿插，把敌人分割成几段。敌军突围突不出去，求援之路又不通，只有被动挨打，成了瓮中之鳖。

李延培带领2营战士和第10旅第29团部队一起，从东南双山地区发起猛攻，把敌军一步步逼向金山堡中心地带。当他们接近一条大沟时，一股敌军架起机枪，疯狂射击抵抗。李延培见敌人火力很猛，于是命令：“机枪集中起来射击压制敌人，突击队跟我来！”他带领一队战士越沟爬坎，悄悄地迂回到了敌军机枪阵地的侧后方。李延培让大家举起手榴弹，手指勾住弹柄拉绳，喊声：“拉！”战士们一起猛地拉动拉绳，奋力投出，一阵爆炸声中，敌人的机枪阵地被炸毁了，2营趁机发起冲锋，沟内负隅顽抗的大部分敌人被歼灭，其余的当了俘虏，李延培他们还缴获了几挺加拿大机枪，以及一批汤姆式冲锋枪和步枪。

当第29团指战员冲杀歼敌时，东北民主联军首长在前线指挥所用望远镜观察到了他们敢打硬拼、不怕牺牲的风采，目睹2000余人汇成一股钢铁洪流，不禁连声称赞：“这真是一支好部队！”

眼见已陷入我军强大包围中，躲在金山堡大地主胡广勤家的敌第87师指挥部的师长黄炎惊恐万分，他急忙向东北最高军事长官杜聿明发电求援，然而，他等来的只是杜聿明回复的短短5个字："坚持到天明"，他不禁一屁股跌坐在椅子上。

第87师再也坚持不到天明了，我军向敌人龟缩的地点发起了猛烈攻击，敌军军心涣散、各自逃窜奔命，我军则紧追不放。在金山堡东南地，我军连夜展开了围歼行动，压缩在各村落的敌军如同捡豆般被一个一个解决掉，大批敌军缴械投降。4月16日，当黎明的曙光普照大地时，金山堡伏击战结束。除师长黄炎和少数警卫人员及残部逃脱外，我军共毙伤敌第87师副师长以下官兵2469人，俘虏2000余人，缴获汽车30余辆及大批武器弹药。

金山堡战斗是我军进入东北初期首次在敌强我弱、敌进我退的情况下，集中局部优势兵力运动歼敌最多的一次大胜仗，也是一场漂亮的伏击歼灭战。我军极大削弱了国民党军进攻四平的力量，为保卫四平赢得了战机。李延培所在的2营在一系列战斗中起到了"钉子"和"拳头"作用，圆满完成了任务。

金山堡战斗后，为避免被各个击破，国民党新1军和第71军以靠拢集中战术逼近四平，在这种情况下，东北民主联军已暂时无法在运动中寻机歼敌，于是决定主力部队转移至四平以北。李延培所在的第29团奉命担负掩护任务。

刚从战场上下来的战士们已经一天没吃饭了，身体也十分疲惫。掩护任务是艰苦的，2营采取打打走走的方法，多于我军数倍的敌人紧紧尾随追击，他们根本没有停下来好好休息一下的时间。看着营里的战士靠坚强的意志强撑着行军，李延培不住地鼓励大家："同志们，当年红军面对的困难要大得多，咱们一定要发扬吃苦耐劳和连续战斗的好传统，等战胜了敌人，大家好好地睡上一大觉。"指战员们异口同声回答："好！好！"于是他们交替掩护、节节抵抗，配合兄弟部队顽强阻击敌人多次进攻，确保主力部队安全顺利撤出四平。

塔子山是一座海拔400多米的石头秃山，也是四平东面最高的山峰和最后的防御制高点。为夺下四平，国民党军3个兵团分三路向四平发动新的进攻，在八面城附近的二道河子突破我军防线后对塔子山阵地发起了强攻，东北民主联军第3师与国民党新6军5个师展开血战，连续6次打退敌人冲锋，整个塔子山被鲜血染上一层红色，树木变成了焦炭。我军连日苦战伤亡过大，最终阵地失守。敌军占领塔子山后向我军侧后方迂回，东北民主联军四平前线部队奉命主动撤离四平，长达32天的四平保卫战结束。

第3师第10旅沿中长路以东节节抗击，阻挡敌新6军第14师前进步伐，保证我军主力和各级党政机关安全顺利转移，李延培所在的第29团奉命在神仙洞、石厂山一带构阵阻击。

神仙洞，一个很有仙气的名字，但此时却充满了硝烟烽火和杀伐之气。神仙洞在四平以东30公里，它由3座间隔约500米的品字形山峰组成，主峰最高海拔374.9米。它南面的山脊坡度较缓，山腰上部很陡，两侧较为开阔。辽河从它身边经过，由北向南流去。神仙洞临近公路，是中长铁路东侧南北交通的重要制高点，也是敌人进攻的重要目标。

第29团将要面对的是敌人2个师的进攻，团长吴国璋命令1营控制石厂山一带高地，3营控制神仙洞以及东高地，李延培的2营驻守在神仙洞以北，随时准备机动增援并对突入之敌进行反击。

1946年5月20日上午，敌军的攻击开始了，无数炮弹向3营扼守的神仙洞阵地飞来，3营11连坚守的神仙洞主峰承受的攻击尤其凶猛，激战中连长、指导员和副连长都负伤下了火线，只剩下副指导员胡可风带领2排在山上苦守，战事越来越吃紧。

这时，李延培又一次扮演了“关键先生”的角色，他率领2营及时赶来支援。李延培利用地形特点，把三挺重机枪分别布置在神仙洞主峰和两侧的高地上，配合2营、3营的轻机枪，组成了极有杀伤力的交叉火网，攻上山脊的敌军成排倒下，不得不狼狈退下。

下午，不停歇战斗的战士们刚想啃一口邦邦硬玉米面饼子，突然，侧面山坡传来了呐喊声，原来，一小股精壮的敌人悄悄潜上了神仙洞阵地。李延培大喊一声，带领大家冲了上去。这股偷袭的敌人大都配备了英制司登冲锋枪和美制M3冲锋枪，突击火力很猛。刚一照面，我军战士就被打倒了10多个，但其他人很快就冲到近前展开了白刃格斗，这下子敌人的冲锋枪用不上了，李延培和2营战士越斗越猛，他大吼一声，用挖战壕的铁锹把一个国民党士兵的脑袋劈开，很快，这一小队敌兵被全部消灭。在石厂山方向，1营营长王扶之和教导员许乐夫带领全营坚守阵地顽强抗击，连续击退了敌人的多次进攻。一天下来，国民党军始终没能占领我军防御阵地。

到了晚上，第29团接到命令，鉴于主力部队已经安全转移，他们立即撤离。李延培和战友们在阵地上点上松明子，做出准备挑灯夜战的架势，然后利用夜幕掩护，悄无声息地撤出了神仙洞阵地。圆满完成任务的李延培开心地对教导员说："神仙洞有神仙，神仙洞打了个'神仙仗'。"

5月28日，李延培率领2营配合第29团兄弟部队破坏铁路和电信设施，掩护第10旅主力转移。国民党军占领长春、吉林及松花江两岸地区后，由于战线拉长和后援未到，也暂停了进攻。

四平保卫战中，我军在无群众基础和巩固根据地，且敌强我弱的情况下，英勇顽强地抗击了美式机械化或半机械化装备的10个整师之敌的轮番进攻，歼敌1万余人。李延培所在的第3师作为东北民主联军的主力在极端困难的条件下义无反顾、拼力厮杀，以伤亡7000余人的代价圆满完成了战斗任务。四平保卫战在东北战场，乃至解放全中国的战场上都写下了浓墨重彩的一笔。李延培作为在四平战役中立下战功的"钢铁营长"，逝世后一部分骨灰被安葬在长春烈士陵园，陪伴着那些血战四平、为解放黑土地而牺牲的战友。

六、整训提升

绵绵的小兴安，一条蜿蜒的河
翻山越岭一路向天歌
春来百花香，秋天结硕果
夏季穿青纱，冬日玉琥珀
幽幽的黑土地，梦中的呼兰河
笔下千年说不尽，美丽的传说

在黑龙江省中部的松嫩平原，有着一条源自小兴安岭，汇入松花江的美丽河流——呼兰河。呼兰河见证着千百年的历史，养育了呼兰河流域的人民。呼兰河流过的地方，有一座号称“塞北江南”的城市——绥化，小城有山有水，有湿地，有林区，风景宜人。对于从战场硝烟中走出来的李延培来说，这里是难得的放松身体的好地方，更是洗礼心灵、净化思想的一块“宝地”。

1946年6月上旬，李延培和战友们完成了掩护全军转移任务后辗转来到绥化，进行为期3至5个月的整训。

先后失去四平、长春，东北民主联军进入了最困难的时期。2个多月高强度连续作战造成了较大伤亡，许多身经百战的老兵牺牲了，部队减员现象十分严重。通常一个营满员人数为300多人，但这时一个营多时不过270多人，少的时候只有120来人。有的部队从四平撤退时仓促慌乱，部分指战员对前途悲观失望，“开小差”的现象时有发生。针对这种状况，东总决定利用休战之机整顿思想、整顿作风、整顿组织、补充兵员、强化训练，尽快恢复提高部队战斗力。

出身“红小鬼”、历经血与火洗礼的李延培此时内心也是焦虑的，他希望大家的精神都能振作起来，相信胜利一定属于自己。他也希望自己通过学习在各方面都能得到提高，成为一个完全合格的革命军队指挥员。夜阑更深，大家都入睡了，李延培披衣坐在松油灯前，提笔写下了自己的感想：“在这样的战斗工作环境下，锻炼与提高我的一切，我们一起出来当兵的青年很多都经不起这些事情而开小差，这是可耻的东西。我作为一个革命的战斗员，在党的正确领导下，永远跟着共产党前进，决不会在革命的半途中而停止不前。”

李延培满怀期待地迎来了整训运动。整训的第一项内容就是学习，深入传达毛泽东《建立巩固的东北根据地》的指示和东北局《东北的形势和任务》的决议，开展艰苦奋斗等革命精神教育，教导广大指战员正确认清形势，认识到斗争的艰苦性和长期性。明确当前和今后一个时期内，党和军队在东北第一位的工作是创造和建设根据地，打牢军事斗争的基础，并提出了“忍、等、狠”三字战略方针。

通过总结之前战斗的经验教训，以及对毛泽东著作的深入学习领会，李延培对我军“忍、等、狠”的战略有了深刻的理解。他不停地记笔记写心得，把要点都密密麻麻记在本子上，并在第一时间传达给2营的指战员们。

“什么是‘忍、等、狠’？‘忍’，就是在敌人强大攻势前，在敌强我弱条件下要忍耐，要忍痛让出大城市和交通要道，诱敌深入分散敌人，再各个歼灭，同时争取时间掩护根据地建设；‘等’，就是放手发动群众，清匪反霸，等待敌我力量对比发生根本变化；‘狠’，就是在形势有利的变化中抓住时机，狠狠消灭敌人。”

李延培讲得很耐心，也很通俗易懂；战士们听得很入神，也很认真。大家的思想清晰了，信心逐渐恢复了，精气神也慢慢充足了。

整训运动的第二项内容是进行半年战斗总结。保卫义县、攻打务欢池、四平保卫战、金山堡歼敌、神仙洞阻击……对第29团，对2营进入东北以来的一场场战斗，李延培如数家珍，有对胜利的自豪，有对牺牲战友的思悼，有对作战的反思。他和大家一起盘点、总结、思考、提高，加强对部队的荣誉感和对战斗的渴望。在评功活动和战斗总结中，李延培受到了首长和领导的表扬，还戴上了大红花。

整训运动的第三项内容是整顿思想、纪律和作风，部队结合地方清匪反霸、减租减息、分粮分地运动，开展“为谁当兵，为谁打仗”的大讨论，提高大家的思想觉悟和精神境界，明确未来的方向和革命的目的。在这一方面，李延培的思想触动更大，他在自述中写道：“刚参加部队时，只会拼命埋头苦干，而不懂什么军事战术、政治原则等，只知道将来不受压迫，把敌人消灭了回家团圆幸福生活，并不知要实现共产主义。对日夜引兵作战有些怕的思想，不知道要到什么地方去，怎样打仗。”“后来，通过整训和思想教育，提高了自己文化水平，在执行命令和服从组织方面，没有打过一次折扣，没有不安心工作的思想，不但个人没有违反过政策，就是当了领导以后，在自己领导的所属单位也未违反过政策及政府法令，我感谢党和首长对我的教育与培养。”

部队在光荣传统教育的基础上召开了“民主大会”，对照纪律和作风问题开展批评和自我批评。同时，还举行了凭吊烈士、庆功会、祝捷大会、欢迎新战士入伍等活动，增强了凝聚力，激扬了士气。

部队还全面开展了队列、内务、军容风纪整训，以及射击、刺杀、投弹、战术、土工作业等“五大技术”训练。李延培对战士们说：“射击、刺杀、投弹是我军最基本最擅长的军事能力，也是我们打败日本鬼子、战胜国民党反动派的法宝。但是，我们光有这些还不够，还要学习先进的战术，多打聪明仗。要多掌握土工技术，进攻时咱们多挖交通壕，让敌人的子弹炮弹打不着，防守的时候多挖战壕、防炮洞。只有提前多挖土，打起仗来才能少流血少死人。”

李延培起早贪黑，带着全营官兵苦练土工作业，还把老战友曹子平、王扶之请来，一起给战士们讲解八路军新四军以及第29团的经典战例和成功战术，部队的战术意识和战斗力都有了很大的提高。

1946年6月，国民党当局在美帝国主义的支持下，悍然撕毁停战协定和政协协议，向解放区发动进攻，全面内战由此爆发。为了加强战备，第10旅移驻呼兰地区，一边开展军事大练兵，一边打击国民党反动派的进攻。

军事大练兵除攻防战术训练外，还注重军事思想的学习。李延培没上过学，更没进过军校，军事理论都是从实战中摸索来的。这次有了这么好的机会，有了这么长的时间学习，他更是如饥似渴，学习掌握新名词、新战法。

在军事理论培训中，东北军发明总结的“一点两面”“三三制”等战术战法引起了李延培的极大兴趣。他深有感触地对教导员说：“以前只知道打仗就是钻山沟，打个冷枪啥的，打得赢就打、打不赢就跑，今天才知道，打仗还有这么多名堂。”

李延培把学到的战术战法及时在全营推广普及，并结合实战演练让大家融会贯通。他对指战员讲解“一点两面”：“‘一点’，就是集中优势兵力在主要的攻击点上，不要在各点平分兵力；‘两面’，就是行动坚决，大范围包围，包围时至少是两面，也可以有三面、四面，这样敌人就跑不掉了。”

李延培对“三三制”推崇备至，认为有非常高的实战价值。他在训练中给战士们讲解道：“‘三三制’就是一个战斗班分成3个或者4个组，每个组有3个人，一个老兵、一个新兵、一个解放战士，各组组长一般由班长、副班长或有经验的老兵担任。”

李延培专门挑出两个战士，和自己临时组成一个“三三制”小组进行模拟进攻。他告诉大家：“冲锋时不能挤在一起，3个人要分开七八米，摆出三角的形状前进，互相照应、互相掩护。各组之间也要散开成三角形，用散兵线攻击，这样牺牲小，也更有效果。”这些训练的成果在以后的战斗中得到了很好的体现。

整训期间，第29团还派出干部深入农村，帮助建立地方党组织和人民政权，放手发动群众实行土改，发展农业生产。在地方党政机关的组织动员下，2营补充了兵员，一批战斗骨干也伤愈归队，这让李延培非常开心。大家精神饱满、斗志旺盛，有的战士还递交了血书，积极请战开赴前线。

李延培他们军事大练兵的所在地呼兰县是左翼女作家萧红的故乡，它因呼兰河而得名，也因为萧红的小说《呼兰河传》而著名。蜿蜒流淌了500多公里的呼兰河从县城南部流入松花江。

李延培所在的部队当时驻扎在松花江北岸，为了防止敌军越江北犯，上级指示炸掉松花江铁路大桥。2营领受了炸桥的任务，大家在中间的桥墩处安放了烈性炸药，但这时问题出现了。因为他们没有定时装置，也没有爆破器，所以只能人工点火，但这样做炸药很快就会爆炸，爆破者很可能来不及撤离到安全距离。那么，谁去点燃炸药引信呢?

几个战士自告奋勇争着要去，李延培阻止了大家：“你们不能去，太危险。我干过这活，打淮阴时我就用炸药炸过碉堡，有经验，还是我去。”他不顾教导员和战友们的劝阻，执意要亲自完成点燃炸药的任务。教导员无奈，就给李延培准备了一匹战马，使他撤离的速度能快些。

等众人疏散到稍远的高坡上，李延培在大家担心的目光中来到桥墩前，麻利地点燃了炸药引线，然后跳上战马向远处狂奔。战士们高呼：“营长，快点跑！快点!”正喊着，只听“轰隆”一声巨响，浓烟卷起、火光升腾，大桥轰然倒下，河中溅起了滔天的浪花。战马虽然已经跑出桥面一段距离，但震天动地的爆炸还是让它受惊了，它仰起脖子“吸溜吸溜”嘶叫，两只前蹄高高扬起，身子几乎直立起来，把猝不及防的李延培掀下马来。战马随即又狂奔起来，李延培的一只脚被卡在马镫里，人被马拖着往前跑。战友们急忙冲上前，好不容易控制住了惊马，赶紧察看营长的情况，只见李延培军装稀烂，胳膊、腿和后背的皮肤都被磨破了，浑身是血，毛细血管都破裂了。

炸桥受伤后，李延培在野战医院休养了一段时间，外伤很快就好了，但却落下了头疼的毛病，很长一段时间他都在和这个后遗症做斗争。新中国成立后，李延培被评定为三等甲级残废军人。

1946年9月，根据东北局的决定，第3师改编为东北民主联军第2纵队，李延培所在的第29团改为第14团。由于李延培在炸桥时不怕牺牲、圆满完成任务，被任命为第14团参谋长。至此，李延培战斗生活了6年的第29团终于完成了他的历史使命。

说起来，李延培似乎和“29”有着不解之缘，他人生的许多重要阶段都与“29”这个数字有关。从新四军第4师第10旅第29团，到新四军第3师第10旅第29团，再到东北民主联军第3师第10旅第29团，虽然部队隶属有变化，但他一直没有离开第29团，可以说见证了第29团的今生今世。巧合的是，从1917年李延培出生，到1946年第3师第10旅第29团改编为东北民主联军第2纵队第5师第14团，他正好29岁。而在29年后的1974年，李延培因病去世。这一切巧合在冥冥中注定了他与“29”有着解不开的关系，甚至29之缘还印证到了他的后代身上。1933年，李延培在陕北参加赤卫队投身革命，过了29年之后，他的外孙出生了。

整编后的第2纵队有3.1万人，1.1万余支步枪、冲锋枪，1100余挺轻重机枪，50多具掷弹筒，还有迫击炮、步兵炮、山炮、野炮、榴弹炮等各种火炮，是东北民主联军5个纵队中实力最强的纵队。而李延培所在的第5师第14团更是全师的头等主力团，这个团后来改编为第116师第347团，以执行任务坚决、作战勇猛强悍、战斗力超群成为我军顶级主力团。

第九章　下江南强攻势

一、威震靠山屯

在长春以北，哈尔滨西南的吉林农安有一个小村镇，因为它北面靠山，所以叫靠山屯。它既是饮马河与伊通河的交汇处，又是德惠和农安公路的交叉点，还是松花江五家站渡口的要冲。解放战争时期，东北民主联军第2纵队第5师前后两次攻打靠山屯，使这个普通的山镇成为我军军史战史上赫赫有名的地方，而李延培，就是这两次战斗的亲历者。

自从东北民主联军失去四平和长春后，国民党军占领了从山海关到松花江以南的主要大城市和重要铁路干线，但由于战线过长、兵力不足，所以他们采取了“先南后北，南攻北守”的策略，重点进攻南满解放区，在北满前沿则处于防守态势。而东北民主联军针锋相对，采取“坚持南满，巩固北满，南打北拉，北打南拉，南北配合，集中优势兵力，主动打击敌人”的作战方针，由南满部队抗击敌人大部队进攻，北满部队则伺机越过松花江长途奔袭，寻机歼灭孤立分散之敌，同时调动敌军回援，让南满敌人顾此失彼、两线作战。1946年11月，东总电令第2纵队第5师围歼盘踞在靠山屯的敌人，打掉国民党军北满防线的前哨阵地。

11月22日，李延培所在的第14团从哈拉海二道沟地区出发连夜赶往靠山屯。东北的冬季十分寒冷，风夹着雪花打在人脸上生疼。这些大多来自关内的战士冻得浑身瑟瑟发抖，只有不停地哈着气跺着脚，互相鼓励着前进。夜里气温更低，宿营时战士们又冷又困，只能靠在篝火边蜷缩入眠，有的战士坐在雪地里头一歪就睡着了。李延培放不下心，和教导员一起来回巡看。走过火堆边，他发现有的战士绒毯和单军衣都被火烤煳了，很是心疼，于是脱下自己的大衣，盖在一个年轻战士身上。他又命令营连干部和后勤机要人员把自己的大衣和绒毯都送到基层连队给大家盖上，战士们十分感动。11月23日下午，李延培和第14团的战友们赶到了指定位置，与兄弟团一起完成了对靠山屯的包围。

靠山屯镇子不是很大，却是块难啃的"硬骨头"，镇四周筑有土墙和碉堡群，镇内修有炮楼。守敌是国民党新1军第50师第149团第2营1个连，以及警察、土匪、保安队共700人。新1军是全副美式装备的国民党军王牌部队，军长孙立人毕业于美国弗吉尼亚军事学院，与五星上将马歇尔是校友。抗战期间，新1军是扬威异域的中国远征军部队，在印度兰姆迦受过美军顾问的严格训练，在缅甸和印度与日军进行过残酷的血战，还营救过被日军包围的英军部队。新1军很多都是有着丰富作战经验的老兵，不但擅长强大火力下的进攻，还善于依托坚固工事固守防御，他们的官兵吹嘘说，一个新1军的士兵顶得上10个民主联军的战士。虽然驻在靠山屯的只是新1军的1个连，但他们凭险坚守，战斗力依然不可小觑。而与他们面对面较量的是东北民主联军2纵的主力师第5师，王牌对王牌，必将碰撞出耀眼的火花。

但相比起守敌，我军有着自己的强项，首先是兵力方面，我军一个师占有很大的人数优势。李延培所在的第14团负责从东向西主攻，第13团负责从西向东主攻，两个团东西对进、分进合击。

火力方面，我军更是占有压倒性优势。李延培的第14团每个连都配备有轻机枪12挺、掷弹筒6具、迫击炮2门。为了保证强大的火力和攻击力，

“东总”还将直属炮兵第1团的12门日制大口径重炮，以及东北民主联军唯一战车大队中7辆日本“九七式”坦克配备给第5师。看到这些装备，李延培转着圈来回参观，爱不释手地摸着，嘴里不停地感叹：“以前一直是小米加步枪，如今咱们也有了坦克大炮，蒋介石不完蛋还等什么！”

11月24日4时30分，第5师发出总攻号令，12门大炮和师里的轻重火炮一起开火，向靠山屯敌人进行了半小时猛烈轰击，一处处防御工事被摧毁，一个个轻重机枪阵地被打烂。我军战车队发起进攻，几辆坦克威风凛凛横冲直撞，坦克上的重机枪压制着敌军火力，57毫米火炮猛烈开火掩护步兵前进，车身接连撞垮了好几个地堡。

在坦克掩护下，李延培指挥第14团各营用连续爆破的方法炸毁了敌军设置的障碍物，把云梯搭在壕沿上，战士们端着闪亮的刺刀，呐喊着冲过壕沟突入街内，和守敌展开了逐屋逐院的争夺战。第14团和第13团像两把锐利的尖刀从东西两边插入了靠山屯。由于我军炮火猛烈，大部分防守工事被炸毁，加上敌人在兵力、装备和人数上处于绝对劣势，很快就丧失了还手能力。两小时后战斗结束，我军攻克靠山屯，毙敌105人，伤敌86人，俘虏362人，缴获一批武器弹药。

这次战斗虽然规模不大，歼敌不多，具体战斗过程中还存在一些问题，但却是北满部队南渡松花江的首战，也是我军第一次步兵、炮兵、坦克协同作战，在中国革命战争史中记上了重重的一笔。1947年作曲家李伟还创作了一首《坦克进行曲》，以雄赳赳气昂昂的旋律纪念这次难忘的战斗。此战的胜利也为东北民主联军“南打北拉、北拉南打”的作战方针开了个好头。

靠山屯战斗结束后，李延培在战斗经验总结会上很有感触地认为，此战能够快速取胜原因有三：一是强大的炮火优势完全压制了敌人，这是我军在武器装备上的可喜进步；二是步、炮、坦三位一体联合作战，开始学习现代战争的战法；三是迅速推进穿插分割，夺取巷战的胜利。这次战斗以小见大，为我军今后攻打大城市和城镇积累了经验。

会上，大家还对我军伤亡人数超过国民党军的原因进行了分析，东总还有针对性地总结出了“四快一慢”的战术原则：“四快”即攻坚战斗打响前，要快速侦察敌情地形，快速选择好进攻点，快速占领攻击位置，火器快速进入阵地。“一慢”就是不要急于发动，要沉住气，等“一点两面”的部署完全到位后再开打。这一战术对李延培启发很大，他认真听讲仔细琢磨，并在以后的战斗中很好地进行了运用。正因为善于在战斗中创新，在战斗中总结提高，我军部队在解放东北的战争中才能屡战屡胜，力量越来越强大，最终取得胜利。

东总首长还向第5师营以上干部作了形势与任务的报告，讲述了南下行动的意义，部署了打仗、破路、做群众工作的三大任务。李延培学到了两个新词：“削萝卜”“翻山顶”，返回团里后，他向战友们风趣地讲解两个词的含义：“‘削萝卜’和‘翻山顶’其实就是两个比喻，‘削萝卜’就是要像削萝卜那样一点儿一点儿地把敌人消灭掉，直到完全打垮国民党反动派；‘翻山顶’是指形势的发展由敌强我弱到敌我均势，再到敌弱我强。我们翻过了‘山顶’，胜利就来到了。”战友们听后频频点头，不仅理解了战术内涵，而且坚定了必胜的信心。

靠山屯战斗后，李延培所在部队12月上旬到达边昭、太平川一线，一面寻机作战，一面进行集中训练。李延培结合靠山屯的作战经验，在全团细化了班、排级村落进攻战术，强化提高爆破、刺杀、投弹和土工技术，使战士们的战斗素养有了进一步提高。

二、猛龙过江

如果打个形象的比方，南满和北满就像我军的两个拳头，国民党军调兵遣将，准备在南满先消灭我们一个拳头，再以优势兵力在北满消灭我们另一个拳头。1946年年底，他们集中了6个师的兵力，对南满解放区的临江（今浑江市）进行第一次进犯。为策应和支援临江保卫战，东北民主联军总部命令在北满的第2纵队第5师南渡松花江，向中长路的长春和吉林以北地区发展，由此拉开了“三下江南”战役的序幕。

1947年1月5日，李延培和第14团的战友们奉命渡江，挺进到松花江南岸的德惠地区破坏交通线，配合兄弟部队歼灭其塔木等地的敌军，阻击长春和吉林的援军。

朔风凛冽、林涛怒吼、寒流滚滚，暗灰色的云块在天空中奔涌，酝酿着一场大雪。没过多长时间，雪花漫天而下，广袤的林海山原很快就被一层厚厚的白绒毯覆盖了。李延培他们“一下江南”时，正是东北地区最寒冷的季节，气温接近零下40摄氏度。严寒大大限制了国民党军的机动能力，也给我军的后勤补给制造了大麻烦。粮食供应难以为继，部队的防寒装备也很差，李延培和战友们没有完全换上冬装，脚上还是胶皮鞋，不少战士手脚被冻坏。

寒冷难耐，李延培和战士们就自己动手，想方设法解决保暖御寒问题。他们就地取材，搞出了许多发明创造。绒毯是个很好的“原材料”，李延培裁下毯子的边给机枪手和炮手做手套，后来又指导大家用毯子边角做帽耳朵、袜子、鞋垫，还有保护脚面的“脚蒙子”，虽然外观不怎么好看，但防寒效果还不错。只是这样一通裁剪，大家的毯子都变窄变短了，睡觉时只能盖住大半个身体，肩膀和脚踝都露在外面。但是对绒毯边角料的有效利用，一定程度上缓解了野外冻伤现象，因此这点“代价”还是值得的。渐渐地，李延培和战友们几乎都成了巧手“妇男”，不仅学会了用被子做棉裤、用毯子做衣服，还发明了许多土办法保护脸、鼻子和耳朵，基本上解决了战斗行军的抗寒问题。

经过一段时间的交通破袭战，部队1月下旬撤回松花江北的三岔河地区休整，“一下江南”战斗结束。

1947年1月底，国民党军再次进犯南满军区重要根据地临江，被歼2000余人。2月15日，国民党新6军、第60军、第52军和全副美械装备的第71军所部分三路三犯临江，东总决定北满我军部队再次渡江南下，发起“二下江南”战役。

2月22日下午，李延培和第14团指战员渡过松花江进至德惠东南一线，协助兄弟部队攻打德惠，并阻击增援之敌。3月1日，国民党新1军、第71军4个师共20个团的兵力分三路向德惠增援。李延培和战友们展开坚决阻击。他们利用坚固的阵地工事，组织轻重交叉火力，打退了敌人一次次进攻。

我军战斗得很顽强，敌军的攻击也很凶悍，战斗进入白热化。这时，东总传来命令，我军兄弟部队进攻德惠不顺，鉴于战场形势有变，进攻德惠和打援的部队全部转移。李延培带领第14团交叉掩护梯次脱离战场，回到松花江北待机行动，“二下江南”战斗结束。

敌人见我军撤退，以为这是缺衣少食、装备落后的我军在美式装备的“国军”打击下的一次溃败。国民党东北保安司令长官杜聿明下令第71军三个师，会同新1军两个师北渡松花江寻找我军决战。东北民主联军总部根据敌第71军第88师冒进突出的情况，决定在正面抗击的同时以一部分兵力迂回到松花江南岸进行侧后夹击。蒋军发现有被包抄围歼的危险，立即放弃进攻渡江南逃。不是猛龙不过江，我北满主力三个纵队跟踪追击，并于1947年3月8日发起了“三下江南”战役。

3月9日，李延培带领第14团随第5师进至长春路东，前往配合兄弟部队围歼德惠东北大房身新1军的5个团。17时，当他们进入朝阳川北地区时，发现了一个意料之外的新情况：靠山屯方向有大批敌军及车辆向德惠方向撤退。李延培对团长吴国璋说：“这么多天不打硬仗，都快憋疯了，现在这股敌人撞到咱们的枪口上，咱可不能放过他们。”

李延培求战欲望如此迫切是可以理解的，自从两下江南以来，他们第14团乃至整个第5师多数情况下是破坏铁路线，或执行阻援任务，只能眼巴巴地看着兄弟部队“吃肉”，一直没能打一场酣畅淋漓的歼灭战或攻坚战，实在是憋屈，现在一块“肥肉”送到了嘴边，又怎能不想一口吞下？

李延培正说到了吴国璋和全团指战员的心里，而他的另一番话更坚定了吴团长的决心：“咱们如果按照原计划行军，很有可能会与南撤的敌人遭遇形成交叉态势，到时打又打不好，走也走不成，也难以按时到达指定地点。”

两人商量后，立即向师部做了报告，并请求改变原来的进军大房身的计划，先将这股敌人就地消灭。经过慎重考虑，第5师师部同意了李延培他们的请求，命令第14团暂停东进，就地歼敌后再转进靠山屯，作为进攻的第二梯队。就这样，李延培的一份敌情报告换来了他期盼已久的一场大战。

3月9日傍晚，第14团顶风踏雪从平安堡关家屯揳入，准备经过十里铺赶到毛家窝棚揪住这股敌人。李延培亲自率领前卫营1营以急行军速度前进，当他们到达十里铺后，敌军却踪迹全无，李延培找来当地居民询问情况，才得知敌人10分钟前已经朝东面方向撤走了。立即追上去？李延培和1营营长王扶之判断，这股东逃之敌必然掉转方向，向南面的德惠逃去，如果继续追击，即使能追上敌人，以现有兵力只能将其击溃，无法包围歼灭。于是他俩当即决定，不往东面的毛家窝棚方向追敌，而直接向西南进发，给姜家店的敌军以出其不意的打击。

驻守姜家店的是敌第71军第88师一个加强营，这个村子有一圈夯土筑成的围墙，村里有4座大院，院子和院子之间互相连通，并构筑有工事。李延培带领尖兵排摸到姜家店的北头。此时天色已晚，天空彤云密布，光线一片昏暗，10来米外只能看到模模糊糊的人影，能见度非常低。李延培带领战士们快速通过100多米长的开阔地，悄无声息地来到土围子下。正在哼着小曲抽着烟的敌哨兵影影绰绰看到好像有人，便大喊一声："干什么的?"李延培让第3连的尖兵排长做出不耐烦的态度："瞎嚷嚷什么? 妈拉个巴子的，连自己人都看不清!"趁着哨兵一时犹犹豫豫判断不出真假，尖刀排快速搭起人梯，几个战士如狸猫一般跃上围墙，敌军哨兵刚想喊出"啊"字，就被我军战士捂住嘴巴，一刀抹了脖子。其他战士相继登上墙来，解决了其他正在岗棚里面喝酒打牌划拳的敌人。

占领了围墙，李延培带队继续前进。突然，他发现村西北角有一个院子，借着星光看到院子里矗立着一个高高的炮楼。李延培命令第3连副指导员李玉恒："你带人拿下这个堡垒，不要蛮干要智取。"

李玉恒和战士们翻墙进入院中，由于天太黑，炮楼上的敌兵只看见下边黑乎乎的人影，便问："什么人?"2班班长张继昌大声回答："自己人，营长让我们来增援。"上面的人嘟囔道："怎么这会儿才来!"张继昌说："别废话了，快点儿放下梯子，小心共军摸进来!"炮楼上的敌军边放梯子边喊："麻溜儿点，快上来。"张继昌和另一个战士压低帽檐，低着头一口气爬上炮楼，他猛地端起冲锋枪大喊一声："缴枪不杀!"那名战士也举起手榴弹："敢乱动就炸死你们!"众敌军顿时吓破了胆，纷纷举手缴械投降。

控制了炮楼，1营发起了冲击，兵分几路攻入村庄，随后快速展开分割包围，敌人退到村中心的四个大院内做最后抵抗。西北角炮楼上我军缴获的两挺重机枪不断进行点射，大院里的残敌被机枪封锁在屋里不敢露头，李延培指挥战士用炸药包和集束手榴弹将房屋内的守敌炸死，同时高声喊话："立即投降，我们民主联军优待俘虏!""放下武器，你们没有出路了!"在强有力的政治攻心下，剩余的蒋军举起双手出来投降了。

姜家店战斗只进行了短短1小时，共毙敌150余人，俘虏250余人，击毁8辆汽车，缴获一批轻重武器。遗憾的是，敌第88师师长韩增栋这条大鱼金蝉脱壳逃走了。原来，李延培带领1营发起进攻时，从靠山屯来到姜家店检查掩护撤退部署情况的韩增栋被围在了村中，他看到已经兵败如山倒，为缩小目标，索性连吉普车也不要了，带着参谋长和第262团团长，以及10多个卫兵仓皇突围。他利用我军包围圈合围前的缺口，从东南方向侥幸蒙混出去，跟随的卫兵被击毙11人，连随身携带的一本题有“操必胜念”字样的日记本都丢弃了。

接下来，第5师请示东北民主联军总部得到准许，于是紧急调整进攻计划，先消灭靠山屯之敌，然后再进军大房身，于是“二打靠山屯”的战斗开始了。我军首要目标是靠山屯东边永盛公烧锅酒坊院内的敌第71军第88师第264团，而李延培所在的第14团在拉拉屯阻击德惠方向增援的敌人。

永盛公烧锅大院圩墙高大坚固，沿墙每10米就修建有一座地堡，圩墙内有数不清的明碉暗堡，到处都是强大的火力交叉网。考虑到强行攻击会造成较大损失，我军决定将这里四面封口，像铁桶一样围住。先围而不打，把重点放在打援上，待消灭增援之敌，再进行总攻击。于是，第14团能否有力打援，成为顺利拿下靠山屯的关键。

李延培和战友们发扬连续作战的精神，顾不上休息，顾不上喝水吃饭，迅速赶到了指定地点布防。天空阴云密布，战事一触即发。3月10日下午，敌第88师前来增援靠山屯的部队开了过来，李延培指挥全团做好战斗准备。不多时，敌军在重炮掩护下向第14团阵地杀来。李延培命令战士们充分利用地形阻击，并在正面阵地两侧布置火力，对敌军进行交叉射击。第14团在劣势火力下英勇作战，打退了敌军多次进攻。

接着敌第87师的援军也赶来了，李延培和第14团指战员面临的压力更大了。到了22时，敌第88师再次调集重兵从闵家屯北进，看来他们是拼上了血本，一定要冲破我军防线，以解靠山屯之围。

经过姜家店战斗，又多次阻击敌人进攻，第14团的战士们已经又饥又渴，疲惫不堪，弹药也不多了。从山坡向公路望去，只见敌人用6辆装甲车开道，戴着钢盔的步兵密密麻麻地跟在后面前进。李延培把连以上干部叫过来动员道：“我们一定要坚持住，就是用石头砸也要把敌人堵在这里！就是拼刺刀，也要把敌人拼下去！”

李延培命令大家把剩下的手榴弹集中起来，叮嘱道：“一会儿听我口令，到了扔石头的距离再一齐动手。”很快，敌军离阵地越来越近了，到了三四十米的距离，李延培喊一声：“该扔石头了！”战士们齐刷刷地把手一扬，一颗颗手榴弹在空中划过一道道弧线，落到了蒋军士兵中间。阵地前土石飞溅，爆炸声响成一片，敌军被炸死炸伤许多，队形也乱了起来。接着，阵地上枪弹齐发，敌兵像被收割的麦秆一样不断倒下。

敌人的进攻十分凶猛，一些军官抱着机枪、提着手枪带头冲锋，前边的倒下，后面的仍继续向前冲，一浪跟着一浪，看样子非拿下阵地不可。第14团的弹药终于打光了，敌军也冲了上来，战士们呐喊着朝敌人冲去，双方展开了拼死搏杀。白刃格斗进行得十分惨烈，李延培和战友们拿起一切可用的武器，毫无畏惧地向敌军扑去。一名战士和一个敌兵翻滚在一起，他抓起一把泥土盖在了敌兵脸上，那敌兵眼睛、鼻子、嘴全被土塞住，拼命用手抹着，战士抓起敌兵掉落的钢盔狠狠地砸下去，一下、两下、三下……直到对方脑袋成了血葫芦才罢手。在我军勇猛无畏的拼杀面前，敌军最终精神崩溃，狼狈退回。李延培立即命令捡拾武器，补充弹药，准备再战。

就在李延培和第14团指战员奋力击退敌人援军的同时，3月10日20时30分，我军发起了对靠山屯的总攻。一时间炮火齐鸣，响彻天地。各突击队在火力的掩护下开始爆破、架云梯，向敌人发起了勇猛的冲击。而东总也改变了原定在中长路东大房身攻击敌新1军的部署，命令主力西进歼灭敌第71军主力师第87师、第88师。5个师的兵力拉起了一张巨大的网，将敌两个师困在了网中。

第5师指战员在得知这一消息后士气大振，午夜时分，他们一鼓作气攻下了永盛公烧锅大院，全歼靠山屯守敌第88师第264团2营及加强兵种

1337人。而第14团在拉拉屯坚持了一天一夜，成功阻击了敌人的援军，为师主力取得靠山屯战斗胜利起到了关键的保障作用。

紧接着第5师又挥师疾进，截击向农安方向退却的敌第87师、第88师。最终，这两个师的6000余敌兵被我第1纵队、第2纵队、第6纵队3个纵队包围歼灭。

二打靠山屯是东北民主联军第三次南渡松花江的一个精彩作战片段。一场小规模的战斗演变成一次较大规模的歼灭战，一个师的单兵作战发展成多部队协同作战，第5师也得到了东北部队中头等主力师的美誉。李延培所在的第14团虽然不是进攻靠山屯的第一梯队，但他们首先发现南逃敌人并促使东总改变作战计划，其后奇袭姜家店、成功阻截敌人援军，在这一战役中立下了奇功。

靠山屯战斗结束后，第14团奉命跟踪追击并准备参加围歼固守农安的敌第22师。后来，由于敌援兵增多，加上松花江已开始解冻，战场形势不利我军继续作战，于是各部奉命停止追击。3月16日，李延培和第14团指战员撤离农安，向北转移至新庙地区。至此“三下江南”战役结束。

“三下江南”粉碎了敌人“先南后北”的作战计划，有力配合了我南满主力作战，保住了临江。敌人遭到南北夹击而被各个击破，我军3次渡江南下打击敌人，积小胜为大胜，扭转了在东北的被动局面，为战略防御转入战略反攻创造了有利条件。

由于天气寒冷，长时间奔袭作战得不到休息，再加上吃饭有一顿没一顿，李延培的身体抵抗力变弱。“三下江南”后他旧伤发作，伤口严重发炎，走路都很困难，于是他来到海伦县的第5师野战医院住院养伤。

刚住院不久，李延培就有了意外之喜，抗战时期在一个营共同战斗的营教导员李刚，原新四军第3师第10旅第11连指导员贺军泰，还有第2纵队第5师作战科科长薛剑强碰巧也在这里疗养。几个老战友老伙计聚在一起聊战斗经历，说战斗细节，探听战友情况，吹吹牛打打屁，别提多开心了。有时间他们还凑堆下象棋打扑克，这个悔棋，那个偷牌，互相“揭发”打趣，难得有这样远离炮火的快乐安逸时光，伤情也康复得快多了。

有一点让这几个人十分难受，他们都是战争年代熏出来的“老烟筒”，一天不抽烟就浑身难受。医院规定严禁吸烟，但他们烟瘾发作难以控制，时常偷偷吞云吐雾。医生护士发现后，对他们进行了严厉批评，还没收了香烟火柴等“作案工具”。没烟可抽的几个人急得团团乱转，还是薛剑强出了个主意，他随身带有师长的私章，于是李刚执笔，李延培口述，以师长的名义给负责东北后勤的师长叔叔写了封信，请他帮助解决在医院休养的部队干部的香烟问题。大伙推举贺军泰揣上信，带着两个通信员去哈尔滨办理此事，很顺利地弄回来了一批哈德门香烟。

三、林地追歼

1947年，是我军在全国战场扭转战局、掌握战略主动权的一年。东北战场上我军在“三下江南”“四保临江”战役后由防御转入进攻态势。从1947年5月起至1948年3月止，东北民主联军连续发动了夏、秋、冬季攻势。

经过休养，李延培的伤势逐渐好转稳定，渴望战斗的他在医院一天也待不住了。1947年5月初，李延培办理完手续匆匆赶回部队，第14团随后迎来的就是攻打怀德的战斗。

5月8日，第2纵队前卫部队在怀德城北80里的双城堡围歼了敌骑兵第2师第3团，被俘的敌团长交代了怀德守敌兵力情况，守城的是国民党新1军第30师第90团和保安17团及骑兵2师一部共5000人。第2纵队向东总建议，快速突进，包围歼灭兵力少而且远离主力的怀德守敌，第5师负责阻击长春、四平援敌，保证纵队主力取得怀德战斗的胜利。

怀德位于长春至沈阳铁路西侧，公路与长春、四平、沈阳等地相连，交通地理地位十分重要。攻打怀德不仅可以使长春、四平暴露出来，还能实施围点打援战术，调动敌人出援，在运动中打歼灭战。

得知兄弟部队已将怀德一个多团敌人包围的消息时，李延培和第14团的指战员都非常振奋，可算是抓住敌人了，而且还是国民党军的“王牌”主力——新1军。李延培鼓励大家：“搞阻击咱们团是熟门熟路，也算是打援专家了，这次绝不能给纵队丢脸，要坚决完成任务！”

大家摩拳擦掌、信心满满，准备好干粮和行军物品后就向指定地点出发了。时间很紧，他们以每天60多公里的行军速度前进，很多人脚上打起了血泡，有的血泡连片成排，血泡磨烂后鲜血浸透了鞋子，脚底钻心地疼。李延培看到有3个战士掉了队，就找来一截小树干，挑起几个战士的枪支和行李行军。

部队临时休息，李延培来到班排，忙着帮战士烫脚挑泡，他先用火把针燎一下消毒，再细心地把一个个血泡挑开，挤出脓血，然后用布小心翼翼地包上，说：“这样走起来会好受些，也不会发炎溃烂了。”战士很感激：“谢谢参谋长！”李延培摆手笑笑说：“都是革命战友，谢个甚呀。”

经过艰苦行军，李延培他们终于按时到达了大潘家屯以北的吕家堡子22.4高地，并立刻开始构筑工事，干得汗流浃背。有的战士想不通，小声嘟哝着：“打援，打援，怎么总是人家打主攻我们打援，人家做饭咱们打下手，太窝囊了。”

李延培停下手中的铁锹，抹了把汗对大家说：“你们知道‘围点打援’最重要的是什么？就是打援。你们想一下，如果前边正在攻城，后面援军来了，那攻城的部队肯定就被包了饺子了。打掉敌人的援军，围住的城自然就攻下来了，胜利也就属于咱们了。”

为了更好地讲明这个道理，李延培又打起了比方说：“这就好像是钓鱼，怀德的敌人是鱼饵，咱们就是‘鱼钩’，没有鱼钩能钓上鱼吗？”大家会心地笑了，纷纷说：“明白了，我们就是鱼钩，一定要把王八犊子们的肉给钩下来!”

1947年5月16日，国民党军第71军第88师从四平方向向第14团的阻击阵地开来。这个师下辖2个步兵旅共4个团，还有炮兵营、工兵营和辎重营等。进攻开始了，美制榴弹炮把我军阵地炸得天翻地覆，土都翻了个遍，飞机也飞来轰炸，有的战士耳鼻都震出了血，随后，步兵狂喊着冲锋。李延培和战士们在战壕和防炮洞中躲避，等炮火延伸后，迅速跃上阵地，架好枪支，摆放好手榴弹。敌军靠近了，第14团的战士们猛烈射击，敌兵一片片倒下，不得不停止进攻退下。随后，第2次、第3次进攻也被枪弹手榴弹打退。

恼怒的敌军再次发起炮击，爆炸声不断轰鸣，阵地上泥土横飞、遮天蔽日，一些战士被震得七窍流血牺牲了。炮弹掀起的泥土把不少战士们埋住了，他们奋力从土堆中拱出来，吐掉嘴里的土渣，骂道:“狗日的国民党，炮弹当真不要钱啊!”炮击停止，大家来到战位严阵以待。敌人又冲上来了，眼看就要踏上阵地了，李延培和第3营副营长刘培珍指挥各种火器一齐开火，轻重机枪“咯咯”“哒哒”喷射着火焰，子弹如暴风雨般向敌群倾泻，手榴弹也不断飞出。前面的敌人像稻草一样被割倒，后面的急忙伏在地上。

第10连副连长李志远正指挥战士们射击，突然一颗流弹从他左眼角擦过，殷红的鲜血立时从脸上流了下来，他揩了一把血，指着自己的脑门儿叫道:“这些国民党兵枪法太完蛋了，再往这边偏点脑袋不就开瓢了嘛!”阵地上响起了一片笑声。

看到敌人被压制在阵地前进退失据，李延培带领一个排的战士从右侧突然发起反冲击，他们一通射击后以迅雷不及掩耳之势冲入敌阵，如虎入羊群，威不可挡。几个战士举着手榴弹大喊:“缴枪不杀!”敌人被吓破了胆，乖乖地举手投降，一个副营长也当了俘虏。

从早到晚，李延培一直坚守在前沿阵地，战士们让他下去休息，他坚决不肯。晚上，饥肠辘辘的他才想起一天多没吃饭了，于是喊道：“快搞点吃的，肚子饿瘪了。”炊事员用当年在苏北缴获的日军饭盒盛了疙瘩汤端到战壕，李延培一手拿着块玉米面贴饼子和大葱狼吞虎咽，一手端着饭盒“稀里呼噜”把疙瘩汤喝了个点滴不剩。

第二天黄昏，好消息传来，我第2纵队主力已经攻克怀德，击毙敌新1军第90团团长项殿元，毙伤2600多人，俘虏2800人，缴获86门火炮、105挺机枪、1155支步枪和大批车辆、弹药物资。李延培和战友们击掌相庆、欢欣鼓舞。而对面的国民党军第88师已是惊慌失措、全无战心，立刻掉头撤退。

看到敌军宵遁，我军组织全面反击，大黑林子追歼战开始了。敌第88师的撤退很快就变成了溃逃，士兵们争相夺路逃命，我军以最快的速度穷追猛打，采用平行追击和穿插分割相结合的战术把敌军切成几段。

李延培和新接任第14团团长职务的老战友汪洋商量，决定分别带领1营、3营并肩突进。李延培带领3营指战员高呼“追上敌人就是胜利”，像一阵旋风冲了下去。

战场上一片混乱的景象，到处都是敌兵丢弃的武器弹药和被装，受伤的国民党士兵被扔在路边，一个个呼天喊地、叫骂不止。李延培和3营指战员脚不点地快速前进，当他们追击到唐家窝棚北侧的怀德至公主岭的公路时，发现了一个敌军辎重车队，90多辆运送弹药、给养的汽车和马车正你争我抢，准备掉头逃跑，因为各不相让，在公路上挤成了一团乱麻。李延培招呼战士们冲上前去一阵猛打，100多名敌军见状慌忙举手投降，那些车辆和物资也成了战利品。我军控制了公路，堵住了敌第88师的退路。

眼见末日将临，敌第88师的残兵败将慌不择路，纷纷向林子深处逃去，李延培命令把辎重和俘虏交给后续部队，带领3营10连撒开腿继续猛追。夜色中的大黑林子地区枪炮四起、火光冲天，我军各部潮水般追杀过来，同败逃的国民党军搅杀在一起，到处都是激烈的短兵混战。

李延培和10连战士在平行追击中不知不觉超越了逃跑的国民党军，当他们前进到柳罐营子时，才发现自己速度太快，已经把逃敌和追击的我军其他部队都甩在了后面。李延培急忙让大家停止前进观察情况，这时一个战士跑来报告："参谋长，后面有敌人跟上来了。"原来是一个营的敌兵尾随在10连身后，准备趁他们不备突然发动袭击。

李延培灵机一动，决定将计就计消灭这些敌人，他悄悄进行了部署，第10连摆出一副毫不知情的样子，依然自顾自前进。敌军果然上当，加快脚步继续跟进。他们刚转过一座小土山，就遭到了枪弹手榴弹的迎面袭击，李延培带领10连战士出敌不意地杀了个回马枪，敌军一片混乱。后面我军部队也追了上来，和李延培他们两面夹击，将敌人这个营完全消灭。

战斗中，一个意外的情况发生了。3营10连指导员胡振东正和大家勇猛冲杀，突然一串机枪子弹射来，胡振东胸部中弹，倒在了冲锋路上。李延培见状扑到胡振东身上大声呼叫，但这位身经百战的英雄战士已经停止呼吸，永远闭上了眼睛。李延培不敢相信这是事实，见惯了尸山血海的他不禁泪如泉涌。多年来，胡振东和李延培并肩杀敌、出生入死，结下了深厚的战友情谊。就在一年多前的金山堡战役时，胡振东还送给李延培一张照片，镜头中的胡振东英姿威武，照片背面写着："延培留念，1946年4月5日，金家屯。"李延培还记得当时胡振东对他说："老李，咱们来个约定，一起打败蒋介石，走遍全中国。"言犹在耳，恍如昨日，如今斯人已逝，怎不令人万分悲痛！此后，李延培把这张照片一直珍藏在身边，直到28年后他重病不起时，还一直念叨着老战友的名字，经常拿出胡振东等人的照片一遍一遍地看，泪水不住涌出。

5月18日凌晨，我军经过6个多小时的战斗取得了大黑林子追击战的胜利，歼灭敌第88师主力全部和第91师大部，曾经在姜家店侥幸逃脱的第88师师长韩增栋这回没有再延续好运，被我军当场击毙。

在大黑林子战斗中，李延培所在的第14团歼敌2000余人，缴获各种车辆上百台，火炮、轻重机枪、步枪1500余件以及大批弹药物资。由于第14团以打得猛、冲得猛和追得猛令敌军胆寒，后来这支部队便以“猛”著称，而这种集中火力猛烈射击、乘敌发蒙之际猛烈突击、毫不停歇猛烈追击的战术也被东总总结为猛打、猛冲、猛追的“三猛战术”。

战后，第2纵队第5师受到东总电令嘉奖，纵队和师部高度评价了第14团追歼敌人的功绩。在战斗中英勇牺牲的第10连指导员胡振东被2纵授予“模范指导员”的光荣称号，并追记特等功。2连和10连分别被第5师授予“追歼制胜”和“人民功臣连”奖旗。而一线指挥并亲率部队前出追击、立下很大功劳的李延培在向师部上报的时候，却一句也没有提及自己，主动把功劳都让给了别人。他这种淡泊名利的优秀品质一直贯穿于战斗生涯的全过程，居功不傲的他在很多时候都让名、让功、让利，甘当“无名英雄”。但尘封的光辉总会闪耀，历史不会忘记沉默的英雄，他的领导和战友们在各种回忆文章中，都会提到一个永远令他们钦佩和敬服的名字——李延培，都没有忘记这个无私无畏的好战士、好战友。

四、突击城防

1947年5月30日，第14团奉命随第2纵队第5师进至昌图城西南集结，与兄弟部队协同展开一场新的攻坚战斗。

昌图处于四平、开原之间，是沈阳至四平铁路沿线的一个重要站点，也是国民党军的一个重要堡垒。鉴于昌图的战略位置以及与四平的地理关系，拿下昌图就卡住了敌人沿铁路线机动的“喉咙”。

第2纵队第5师担负昌图城西面北面两个方向的攻击任务，李延培所在的第14团从正西方突击。战斗开始前，团长汪洋与李延培组织营、连指挥员和侦察人员连夜进行了实地勘察，一份昌图城防和兵力情况的报告也摆在了李延培和汪洋面前。

昌图有着完整坚固的防御体系，城四周有10米高的城墙和3米高的围墙，围墙外是一道4米深、10米宽的外壕，壕外设置了两道铁丝网和一道鹿砦，壕内侧布设有铁丝网、地雷和暗火力点，墙上还修建了明暗地堡。城内，一条10多米宽的小河将城区分为南北两部分，主要道口和房屋前都有无数地堡及火力发射点，地下坑道把许多地堡连接贯通。守敌为国民党第71军第91师第273团，以及伪县政府人员共4800余人。

根据昌图敌情和西面防守情况，第14团经过认真研究，初步确定战斗部署和基本打法并选定了突破口。李延培提议将部队队形按3营、2营、1营的顺序分为第一、第二、第三梯队，依靠重叠配置和强大的后续力量实施连续突击。

终于可以过一把主攻瘾的第14团指战员都很兴奋，李延培号召党员发扬英勇顽强、敢打敢拼、坚韧不拔的战斗精神，不怕牺牲、冲锋在前。大家群情激昂地表示勇往直前，一直打到敌人指挥部，再立新功，不辜负纵队和师首长的信任期望。

全团开始做攻城前的准备，组织登城演练，准备攻坚爆破器材，对枪械弹药进行认真检查。第10连机枪班战士在一挺机枪弹夹里发现了一颗卡住的子弹，如果关键时刻枪弹卡壳，进攻部队就会失去火力掩护，从而造成很大的伤亡。李延培对这一“废弹事件”很重视，他要求对所有枪支的弹仓弹夹和子弹再做一次全面的检查，他还亲自到连队班排督查，确保每发子弹都能打响，做到万无一失。

为了缩短冲锋距离，减少人员损失，战士们还使出了我军的看家本领——土工近迫作业。他们在开阔地带抡锹挥镐猛挖壕沟，守敌开枪开炮阻止，我军就组织神枪手和迫击炮进行压制，然后加紧掘进，一直把壕沟挖到离敌人前沿阵地几十米处，还构筑了两条能隐蔽1个营的冲击出发阵地。

1947年6月1日，隆隆炮声骤然响起，震动天际，第5师与兄弟部队对昌图的总攻开始了。我军炮兵对敌人前沿和城防工事展开猛轰，大地在颤抖、空气仿佛在燃烧。3颗红色信号弹腾空而起，“嘟嘟嘟”的冲锋号声响彻云霄，我军发起了冲锋。3营作为第14团第一梯队率先跳出壕沟向围墙冲去，敌人暗火力点和复活的火力点疯狂射击，突击连队在交叉火网阻击下伤亡很大，冲锋在前的3营营长张奎仁和10连连长徐志昌不幸中弹牺牲，副营长刘培珍和10连副连长李志远也身负重伤，但依然前仆后继勇往直前。

敌人反击很猛烈，我军攀墙的梯子被炸断了。李延培和接任胡振东的3营10连指导员胡可风指挥战士们搭起人梯爬墙，已经负伤的10连8班班长李绍珍在火力掩护下踏着战友肩膀第一个攀住了墙头，但又中了两弹，他咬紧牙关纵身上墙，扔出几颗手榴弹，继续向敌人冲去。

李延培和胡可风带领2排冲到城下，见战士王向荣正向墙上爬，胡可风忙蹲下让他踩着肩膀，刚一站起，王向荣中弹摔了下来。李延培见了，急忙拉过身边另一个小战士，说：“快，踩着我肩膀往上爬！”小战士人小力单，刚站起来就摔倒了。李延培再次扶住小战士的腿，喊声：“起！”用力站起身，更多的战士也一个踩着一个的肩膀组成人梯墙攀上。在最下面作为坚强“底座”的李延培两腿发抖，豆大的汗珠不停地滚落，但他依然咬牙瞪眼坚持站立。战士们见此个个奋勇争先爬上围墙。守敌从来没见过这样生猛的军人，在3营的猛冲猛打下纷纷抱头鼠窜。战士们突破城防后冲进城内，立刻巩固和扩大突破口，快速实施向城中心突击。

6班班长王德新冲锋和爬墙时多处负伤，但他仍然呐喊着冲杀。副班长金永福头部受伤，满脸是血，他圆瞪着眼睛和敌人展开肉搏，一连刺死两个敌人，活捉了一名敌军排长。战友们看着金永福血淋淋的脑袋，关切地询问他的伤势，他咧嘴一笑说：“没见过东北人结婚脸上化的红彩吗？”

仅用8分钟，第14团就控制了围墙突破口，李延培要求大家注意敌人的反击。果不其然，守敌趁我军立足未稳，先以猛烈炮火向突进城内的我军轰击，又对突破口实施了反冲击。李延培指挥团警卫连，同3营10连、

11连一边抗击，一边把守军向纵深压缩。

敌人的机枪疯狂射击，手雷不停地炸响，子弹打在地上溅起片片碎石沙土。李延培正带领战士们冲击，身边一个战士突然把他猛推到一边，接着被一串子弹击中倒下。李延培激愤喊道："同志们，为咱们的战友报仇，冲啊！"整个昌图城内枪声阵阵、喊杀连天，随着后续部队不断拥入，我军打退了敌人的多次反击，巩固了突破口。

来到城中河边，李延培发现10连包括伤员在内只剩下21个人了，他把这些人连同9连的4名战士编成3个战斗班，沿小河北岸向纵深穿插。冲到西十字路口附近时，他们又遭到了地堡火力的阻截。守敌在一个小坡上用钢筋水泥构筑了一个大地堡，外面用泥土盖着，伪装得很好，要不是那里喷出的火舌，还真看不出来。

李延培命令火力掩护爆破组前去炸掉地堡，两组战士从两翼迂回前进，冲到一半都中弹倒下了。李延培咬碎钢牙，准备亲自上去，6班班长王德新抱住他的胳膊喊道："参谋长危险，你还要指挥，让我去吧。"他抢过炸药包，拖着受伤的身体，利用地形向地堡匍匐接近。机枪子弹在王德新头顶呼啸而过，他时而滚到弹坑里躲避，时而借助敌人的尸体掩护，但还是被几颗子弹击中，他顽强地接近了地堡。这时李延培高声命令："快扔手榴弹掩护！"立时地堡前20多米处炸响一片。借着爆炸掩护，身负重伤的王德新拼尽最后气力纵身扑上去，把炸药包死死按在了地堡顶上。"轰"一声巨响，暗堡顿时四分五裂，里面的敌人被炸得血肉模糊，王德新也壮烈牺牲了。李延培和战友们怀着复仇的心情冲上去，扫清了前进障碍。

战斗持续进行，李延培带领战士们不停地猛攻，连续攻占了两个大院，俘虏了数十名敌人。突然，前方一挺重机枪、两挺轻机枪又喷射出阵阵弹雨，战士们被压制得难以前进。李延培高喊："炮呢？快把机枪打掉！"迫击炮手涂荣应声说："我来试试。"没有炮座，他把炮身放到一个小坑里，让两个战士稳稳扶住，竖起大拇指，眯起一只眼测定方位，然后把炮弹放入炮筒中。只听“轰”的一声炸响，敌人的重机枪哑巴了，他又射出两发炮弹，把敌人的轻机枪也炸翻了。10连战士呐喊着一拥而上，一顿手榴弹扔出，把街角的敌军炸得人仰马翻。他们边打边冲，接连摧毁了多个地堡和暗火力点，像几把利剑直插城中心，包围了敌师指挥所。

敌师指挥所设在伪县政府一座小楼里，国民党兵把所有的窗户都用砖封死，只留出一些枪眼不停射击，又造成了我军一些伤亡。李延培命令停止进攻，派爆破组用炸药炸。随着几声巨响，小楼的一面墙全部被炸塌，正在抵抗的敌兵被震昏了，我军趁势冲锋，攻下了敌指挥所，敌第91师副师长邹麟也乖乖地当了俘虏。

昌图攻坚战结束，我军共歼敌4220人，俘虏3800多人，第14团3营尤其是10连作战勇猛，涌现出许多战斗英雄。8班班长李绍珍荣获“登城英雄”称号，荣记两大功；小炮班涂荣被命名为“神炮手”，荣记两大功；指导员胡可风荣获“模范指导员”称号。纵队党委授予10连“无坚不摧”锦旗一面，追认6班班长、“钢铁英雄”王德新为中共正式党员、特等功臣，命名6班为“王德新班”。

战斗结束后，第14团认真总结攻城经验，进一步丰富攻坚战术和战法。全团就地休整，并抓紧充实训练人员，加强武器装备。

五、铜墙铁阵

昌图丢失使四平之敌完全孤立，东总决定扩大夏季攻势战果，攻取东北重镇四平，而在昌图攻坚战中的主攻部队第14团这一次又奉命在四平至沈阳之间的公路要道长山堡筑阵打援。

国民党军也有自己的如意算盘，他们希望通过坚守四平拖住东北民主联军主力，来个固守待援、里应外合，聚歼我军主力。因此，要打下四平，阻击沈阳方向增援的敌人就十分重要。

大规模驰援四平，敌军有铁路和公路两种行进方式。但中长铁路开原到泉头段已被第2纵队破坏，所以敌人只有四平至沈阳之间的公路可选，而长山堡就是堵住敌人前往四平的关键地点。

第14团跑步行军到达长山堡一线，李延培同汪洋团长和营以上干部登上一处小高地勘察战场地形。李延培说："你们看，咱们对面1000米处也是一条东西走向的高地，公路从两个高地中间这条谷地经过，这是个打阻击的好地方。"他用手一指说："我们可以坚守住两边的高地，敌人就很难通过。"大家一致赞同他的意见，部队立即开始进行战前准备，突击抢修工事。

别看李延培平常生活中大大咧咧的，作战准备却是细致入微，要求毫发不差。他对防御工事要求很严，带头和战士们一起修筑，在这个班的阵地干一阵，战士们把他的工具抢走让他休息，他就跑到另一个班的阵地去干，边干边鼓动。他走到哪里，哪里的气氛就活跃起来，工作速度也明显加快。工事修好了，他又认真仔细地检查，用铁锨拍拍土压得实不实，看看防炮洞深浅是否合适，修阵地的物料是否牢固，弹药储存点是否安全。大家开始吃饭了，他还拿着个窝窝头到阵地各处查看。他对战士们说："战场上子弹炮弹不长眼，要想活下来，就要把工事修好，这就是我们的护身符，一点儿也马虎不得。"李延培要求各营连一是要守好阵地，不让敌人迈过去一步；二是要机动灵活，瞅准机会就抓他一把，薅也要薅下一撮毛来。

1947年6月27日，从沈阳支援四平的敌第53军第116师开过来了，他们发现前进道路被阻，便向我军阵地发起了进攻。敌空军飞机低空盘旋来回扫射，大炮持续狂猛轰击，整个高地如山崩地裂一般，变成了一片火海。第14团战士利用地形和工事进行隐蔽，但在敌人狂轰滥炸下，部分防御工事还是被摧毁了，战士们在烧得焦黑的沙石堆里滚打，部队有了一定伤亡。

没等我军修复工事，敌军发起了冲锋，李延培让战士们放近了再打，好节省弹药、增加准头。他们先用手榴弹一顿猛轰，然后轻重机枪齐射，迫击炮掷弹筒摧毁敌人的重机枪和小炮阵地。被打退的敌军发动新的进攻，李延培组织突击连队不断从侧翼发起突然打击。连续六七个小时的激战，战士们忘记了寒冷和饥饿，他们脑海里只有很简单的念头："把敌人打下去""拼死也要拖住敌人""只要活着，就不能从阵地后退"。经过一天的血战，敌军死伤惨重，晚上被迫后撤休整。

战场上出现了暂时的安静，敌军的尸体横七竖八地倒卧在阵地前，被炮弹打着的枯树根依然在燃烧，一道道黑烟在夜风中无力地飘散。李延培的心中并没有安宁下来，他知道，明天会迎来更猛烈的进攻，应该给敌人提前准备点儿"点心"。

趁着月黑风高，李延培命令爆破组在阵地前悄悄埋设了一批地雷。太阳升了起来，新的一天开始了，敌第116师再次向我第14团阵地发动了攻击。渐渐地，他们进入了我军预设好的雷区，李延培让爆破组拉响连环雷引线，一阵"轰隆轰隆"的炸响，敌军丢下一批死尸仓皇而逃。

两个小时后，阵地前出现了两辆坦克，后面还有大量的步兵跟随，坦克上的机枪嚣张地狂叫着。我军的子弹打在"铁疙瘩"上，只能崩起点点火星，伤不了它的筋骨。李延培急忙给大家布置："机枪组和步枪先打敌人的步兵，把他们和坦克隔开，爆破组去炸掉这两个'铁王八'。"于是战士们集中机枪和步枪火力猛射敌人步兵，坦克摇晃着身躯冲到阵地前，爆破小组利用壕沟弹坑掩护，从坦克侧后方视野盲区快速接近，将集束手榴弹塞到坦克主动轮和履带之间，随着"轰、轰"的爆炸，坦克的履带被炸断，瘫痪不动了。坦克车内的敌军打开炮塔盖子想要跳车逃跑，被我军一阵乱枪打死。后面的步兵一看坦克变成了"死王八"，失去了依靠，纷纷回头逃窜。就这样，李延培指挥第14团和第5师各部一起顽强阻击了两天，击退了敌军多次进攻，给敌人重大杀伤，阻滞了敌人行动。

长山堡阻击战进行得有声有色，但四平攻坚战却很不顺利。国民党第71军军长陈明仁率部拼命死守，我军付出了不小的损失依然难以攻下四平，而敌人的大量援军也火速赶来。东北民主联军总部为避免陷入腹背受敌，下令停止进攻，从四平撤退。既然“围点”已经放弃，打援也没了必要，李延培所在的外围打援部队也在6月29日午夜奉命撤离阵地，至此，我军夏季攻势宣告结束。

夏季攻势是东北解放战争由战略防御转入战略进攻阶段的第一个攻势，东北民主联军共歼敌8.3万余人，收复城镇45座，国民党军依赖交通线作战的机动性完全丧失，被迫采取“全面防御”。我第2纵队发扬连续作战的精神，采取远距离奔袭、集中优势兵力速战速决、阵地阻击援敌、运动战歼敌等战法，取得了城市攻坚战、运动战和阵地防御战的宝贵经验。夏季攻势结束后，第2纵队第5师成立独立团。李延培被任命为独立团团长。

六、决胜秋冬

1947年7月，国民党军参谋总长陈诚替代杜聿明成为东北最高指挥官，并将“全面防御”改为“机动防御”，将重兵部署在四平、长春、沈阳、锦州等交通线上，在加强城防工事的同时伺机发动进攻，以挽救东北败局。东北民主联军针对性地采取了“围点打援”“先打分散孤立之敌，力求在运动中歼灭敌人”的方针，从9月14日起发起了秋季攻势。

秋季攻势开始后，李延培的独立团成了威震铁路线的“破路团”，他们以迅雷之势奔袭三江口、八面城，又转战昌图以北地区，彻底毁坏敌人抢修3个月即将通车的昌图至四平之间的铁路，斩断了国民党军这条交通防线“铁龙”的筋，使敌军的运兵行动受阻。10月15日，独立团奉命向梨树地区机动，没想到在途中，一向听招呼守纪律的李延培也打了一场“抗命”的胜仗，还受到了表扬。

当独立团到达四平西后，季家堡子方向传来了密集的枪声。侦察兵回来向李延培报告，有一个团的敌军从四平出动，被我第2纵队第4师包围在季家堡子。战况正紧，多一份力量就能加速消灭敌人，免得兄弟部队耽误时间陷入敌人两面夹击的被动。经过思考，李延培毅然决定独立团主动向季家堡子靠拢，协助第4师作战。这时，团里很多人提出了反对意见，认为第5师命令独立团向梨树方向进发，现在擅自参加行动是“抗命”行为。但李延培态度十分坚决：“将在外，形势瞬息万变，要机动灵活处置，敢于打违抗命令的胜仗。现在兄弟部队需要我们，我们就要帮上一把，完了再去梨树。就这么决定了，一切我来负责！”说罢，他就派人与第4师联系，第4师首长对这支生力军的到来非常高兴，希望独立团在平安堡、木头庙、小泉眼一线阻击四平方向的敌人援军。

李延培欣然领命，带领独立团来到阻击地点构筑工事。果然，四平敌军闻听自家部队被围，立刻派出援军赶赴季家堡子。当他们进入独立团火力范围后，李延培指挥指战员开火射击，一颗颗手榴弹向敌群砸去，敌人在我阵地死的死伤的伤。趁敌人暂时后撤，李延培命令整修加强工事，搜集武器弹药。敌军再次向独立团阵地进攻，战士们坚守不退，等冲锋的敌人靠近了，便甩出一排排手榴弹，然后跃出工事与敌人拼刺刀。

经过激烈战斗，他们成功阻击了四平援敌，保证了围歼季家堡子敌军战斗的胜利。事后，第4师向第5师表示感谢，大力表扬了独立团的团结协作精神，第5师首长也对李延培临机应变、抓住有利战机争取胜利的行为予以肯定。

季家堡子敌军战斗后，李延培带领独立团冒着深秋的寒雨日夜行军，到达梨树地区待命出击。但敌人龟缩在大城市里“老鼠不出洞”，我军难以寻找在运动中聚歼敌人的战机，加上东北严冬将至，我军防寒服装还没有得到补充，于是东总决定11月5日结束秋季攻势。

东北民主联军在秋季攻势中共歼敌6.9万人，攻克城市15座，李延培所在的第2纵队进行连续大规模破袭铁路和阻援行动，为粉碎敌机动防御策略起到了关键作用。

秋季攻势后，李延培带领独立团返回榆树台地区进行短期休整，开展军事训练和政治教育活动。

军事训练方面，李延培根据敌军龟缩防守的特点，加强城市攻坚战技战术的训练，重点提高土工作业、爆破和巷战水平。李延培经常到基层班排与战士们同吃一锅饭，同睡一铺炕，共同进行训练。战士们看到团长在冰天雪地中和大家一起摸爬滚打，心里都暖融融的。

政治教育方面，李延培结合自身作战经历给团里基层干部传达了东北我军提出的“五个思想”和“六个作风”指示。他说：“‘五个思想’的第一个思想就是打大仗、打硬仗、打歼灭仗，克服一切困难连续作战。我们经常是一仗接着一仗，比如在靠山屯，就是打完姜家店后马不停蹄直接到拉拉屯阻击敌人。第二个思想是英勇顽强、不怕伤亡、坚决攻击，和敌人拼到底，坚决完成任务。第三个思想是高度的行军能力，不怕跑空路、不怕走冤枉路、不怕疲劳困难，走他个七八十公里到站就能打，铁脚板要赛过国民党的汽车轮子。”

李延培顿了顿，看看大家继续说：“第四个思想是保持旺盛的士气与求战情绪。记得刚来东北的时候，天气冷得要命，行军中树是房、地做床，苞米黄豆当干粮。只要我们士气不倒，什么困难都不怕。第五个思想是要利用战斗间隙多做工作，不等待不依赖上级指示，不能死守命令。”

大家听得都入了神。李延培清了清嗓子说：“‘六个作风’是什么？第一是不间断、不懈怠、不疲倦；第二是抓住一切时间和机会；第三是自觉开展工作；第四要有计划、有检查、有经验总结；第五是有问题随时解决，要有求必应；第六要熟悉部队情况，熟悉每个人的特点，用先进推动工作。”

为解决冬季作战御寒问题，李延培注重走群众路线，独立团积极组织发动民众捐棉衣和冬季抗寒物资。当地流传着“夜已深，人不静，家家户户闪着灯；妇女灯下做棉衣，千针万线不放松；男人碾米又磨面，天寒心里热腾腾；为打胜仗人人忙，前后拧成一股绳”的民谣，体现了军民鱼水情。独立团每个战士都有了棉衣、皮帽、手套等冬装防寒装备，保障了部队在严寒季节作战需要。

东北的冬季天寒地冻，冷气袭人，仿佛进入了一个巨大无比的冰柜。刺骨的北风吹过，像无数把小刀子在刮鼻子脸。在外面待一会儿，睫毛上、眼眉上、绒帽上都挂了一层白白的霜。大地铺满了厚厚的积雪，雪片不时漫天飞舞。风雪交加时，人的身子站不直，眼睛睁不开，四肢迈不动，方向辨不清。入夜，寒风打着无数的旋儿，怪叫着从山岗和树梢盘旋飞过，发出尖尖的哨声。

在我军夏秋攻势下，东北敌军遭到了沉重打击，只敢龟缩在大中城市中发抖。冬季来临后，东总决定利用江河封冻，便于大规模兵力机动的时机，于1947年12月15日发起冬季攻势，攻击大据点并伺机打援。于是，李延培的独立团随第2纵队参加了冬季攻势第一场攻坚战——彰武围歼战。

彰武城离沈阳100公里，被称为沈阳的西北大门。守备彰武的是作为中国远征军参加印缅作战的国民党第49军第79师。彰武城共有三道坚固的防线。第一道防线是在城外利用沙坨子等地形构筑的地堡群，形成了宽正面、大纵深的防御体系。第二道防线在城墙外围，鹿砦、铁丝网、地雷场等障碍物加上宽7米、深4米的城壕，壕沟内侧还建有暗堡，暗堡周围有铁丝网防止投弹爆破。第三道防线在城内，四周城墙上筑有坚固的碉堡，各主要街道十字路口构筑了地堡，建筑物房屋内和房顶也修建了掩体和工事。一些地堡用地道进行贯通并通入房屋院内，地堡群和院落都具备独立的防御能力。第79师乔文礼对全部美式装备的主力师和“固若金汤”的防线组合十分自信，宣称彰武城“共军绝对无法攻破”。

冬季攻势开始后，东总派第2纵队先佯攻法库，再在法库以东和以南地区重创敌新6军一部，然后集中第2纵队和第7纵队突然包围了法库以西的彰武城。12月23日天刚放亮，李延培指挥独立团进至彰武大太平庄、古井子村，与第14团共同对东六家子至彰武公路以北段敌人进行包围攻击。

战斗开始前，独立团召开思想教育和动员大会，号召开展杀敌立功运动，李延培动员说：“同志们，立功的时候到了，我们要在战场上比比看，为人民立功劳。我们要给团里每个战士建立‘功劳簿’。谁立功，我们就随时记在这本‘功劳簿’上，同时还要颁发‘功劳证’。功劳跟人走，无论以后你们到哪里，这个‘功劳证’都会跟着你们。一人立功、全家光荣，我们还会给立功战士家里寄‘功劳状’，让家里人和左邻右舍也知道你们在部队立功了，所以大家一定要努力在‘功劳簿’上添上自己的名字！”大家听后热血沸腾，充满了斗志，很多战士都立下战前誓言，表示要战场立功。

进攻前，李延培穿上白色的伪装服，和侦察员在雪地里隐蔽前进到彰武城防前沿，查看工事分布情况，并制订相应的攻击方案。随后，团里选择相似地形进行进攻演练，进一步完善突击方案，熟悉步炮协同步骤。

1947年12月28日早7时30分，我军打响了攻击信号，第2纵队又一次出乎敌人意料地在白天一大早发起总攻。强大的炮兵对彰武城墙外围的障碍和火力点进行破坏性轰击，一时间炮声震地、火光冲天。敌人工事的砖石土木飞向天空，指挥系统也被打乱了。为摧毁城墙，打开突破口，我军集中两个炮兵群猛轰城墙东南角，火炮一直推到阵地前沿进行抵近射击。35分钟后，土制城墙被炸开两个30米的缺口。在炮火震慑下，守敌只能蜷缩在地堡群里，我军步兵随即发起冲锋，李延培指挥爆破组用炸药将树杈排成的一丈余高的鹿砦炸开，为突击队开辟道路。团突击连在近距离炮火和轻重机枪掩护下迅速通过前沿鹿砦、铁丝网等障碍，通过搭在护城壕沟上的长梯和木板快速跃进到城墙下，又架起攻城云梯迅速登上城墙。

这时，守敌暗堡和工事内的机枪扫射过来，突击连战士们不断倒下。李延培立即命令：“爆破组上，炸掉暗堡！”冲上去的第一和第二爆破小组都牺牲了，李延培命令投掷手榴弹，并把燃烧的树枝推到前面，第三爆破小组利用爆炸和树杈燃烧的烟雾做掩护又冲上去，随着“轰轰”炸响，敌人的地堡变成了一团浓烟烈火。

战士们突击前进时，前面出现了一个大型地堡，敌人通过七八个机枪口不断扫射。李延培冲着战士霍重山比画一个手势，让他从后面包抄过去。霍重山心领神会，他猫着腰绕到大地堡后面，找到了地堡出入口，准备掏出手榴弹扔过去。但他手往腰间一摸，不禁脸色一变，原来手榴弹已经用完了。霍重山没有多想，端着冲锋枪如神兵天降般冲进地堡。大喝一声："都不许动，举起手来！"这暴喝如同一声霹雳，吓得地堡内20来个国民党兵目瞪口呆，乖乖地放下了手中的武器。

独立团第一梯队尖刀连继续勇猛推进爆破，把城墙上和城墙内路两侧的大部分地堡和火力点摧毁，巩固了突破口后向两侧拓展。后续各梯队像决堤之水涌向城内，向纵深快速推进。

李延培和独立团战士们冒着零下30多摄氏度的严寒与守敌进行巷战，逐街、逐房、逐院展开争夺。他们迂回穿插重点突破，并快速向城中心发展，迅速击垮了敌人的防御体系，将守敌不断分割围歼。

战斗十分激烈。敌人残部被压缩到和平街一带，利用工事和地堡负隅顽抗，几拨突击战士和爆破队员都牺牲在了前进路上。李延培发怒了，大喊："把大炮调来，轰死狗日的！"战士们把几门步兵炮推到阵前准备发射，李延培让人向残敌喊话："你们被包围了""我们马上要开炮了，继续顽抗死路一条"……对面停止了射击，一个国民党兵喊道："不要开炮，我们愿意谈判。你们当兵的话算数吗？找个长官说话！"

李延培就要站起来，警卫员拉住他说："团长，敌人狡猾，小心有诈！"李延培冷笑一声说："他们已经山穷水尽，还敢作甚？"他希望抓紧时机促成敌人投降，于是推开众人，起身往前一站，大声道："我是他们的团长，我们说话算数，缴枪不杀、优待俘虏！"

这时，突然一声枪响，一颗子弹向李延培射来，警卫员一把将他推开，但子弹还是擦伤了他的右腿。李延培顾不上查看伤情，为了不影响军心，他假装没事，骂道："下三烂的还敢开冷枪，给我消灭他们！"战士们怒火万丈，冲锋枪、步枪齐发，步兵炮"咚"地打出一炮，炮弹在对面阵地炸响。那些敌人慌了，又大喊："别打了，误会！都是误会！是枪走火了，我们投降！我们投降！"

李延培挥手命令停止射击，拄着棍子喝道："放下武器，不准耍花样！"几十个敌兵高举着枪走出来到街心集中，李延培派几个战士将他们集中关押到一处房屋内，带队继续前进。

经过4小时激战，中午时我军全线攻克彰武城，除敌师长乔文礼化装潜逃外，第79师1万多人被歼。

战斗结束了，李延培一瘸一拐回到团部，坐在背包上休息。警卫员带着卫生员跑了过来说："团长，你受伤了，裤腿都是血呀！"

李延培这才想起刚才的事，笑笑说："没啥要紧的。"

卫生员生气地说："还不要紧！你负伤两个多小时了，再不包扎一下，腿就保不住了！"

李延培满不在乎地说："别大惊小怪的，只是擦破点儿皮，流了点儿血，没有事。"

12月的东北滴水成冰，血已经结成坚硬的红色冰块，与裤腿和鞋粘在了一起。卫生员只好用热水化开冰碴，再用剪子剪开裤腿，给他清洗包扎伤口。战后李延培在卫生院休养了几天，就急急忙忙出院，回到部队继续指挥战斗了。

进攻彰武是东北我军首次在强大炮兵支援下在白天进行的城市攻坚战，创造了6小时内全歼敌一个整师的成功范例。李延培所在的独立团体现了勇猛无畏又灵活机动的作战风格，受到了第5师师部的嘉奖。

1948年1月1日，根据中央军委批示，东北民主联军改称东北人民解放军，部队序列和番号不变，李延培所在的独立团更名为东北人民解放军第2纵队第5师独立团。

七、雪壕奇袭

从黄土高原到白山黑水，李延培打了无数仗，但问起哪场战斗打得最聪明、最干脆利落、给他留下的印象最深，李延培毫不犹豫地回答：“攻克闻家台。”这又是为什么呢？

1948年1月初，国民党东北“剿总”集中15个师的兵力，以新1军、第71军主力为中路，新5军第195师、第43师为左路，新3军、新6军主力为右路，分三路对东北人民解放军发起进攻。东总经过综合分析后决定，集中优势兵力先打左路沿新民至法库公路推进的敌新5军。

为什么要先捏新5军这个“柿子”？原因是相比其他两路，它相对是个“软柿子”。这个新5军组建于1947年8月，是国民党10大王牌军之一第52军被打散后重建的新军，虽然其中的第195师是全副美械装备，但整体而言整个军的战斗力还是打了一定折扣的。而且新5军位置孤立突出，其他两路相距较远，无法呼应。

1948年1月2日，兄弟部队佯输诈败、边打边撤，将敌新5军引诱到公主屯以南的前闻家台和后闻家台一带。我军抓住时机调动四个主力纵队，准备围歼这股敌军。

西北风卷着鹅毛大雪，扫荡着辽河北岸。天色灰蒙蒙的，气温已经到了零下30摄氏度。李延培带伤指挥独立团顶着寒风，踩着积雪，追着敌人的踪迹紧赶。1月4日拂晓，他们在急行军51.9公里后到达指定位置，与我军各部一起把敌人层层围困在新民东北30公里的前、后闻家台以及公主屯总共10多平方公里的狭窄地带里。

天气奇寒、冰冻三尺。尽管枪都上了油，但有时枪栓还是冻住了，拉也拉不开。冰天雪地里备战，战士们的脚都冻裂了，手上长满了冻疮，脸上是一道道冻皴的口子。李延培和团里的干部及共产党员把枪栓和战友的脚放在自己心口的衣服里焐热。天很冷，但大家的心里很温暖，对胜利也充满了信心。

6日4时黎明，疲惫不堪的敌军还在呼呼大睡，李延培的独立团和第14团一起悄悄逼近了守敌阵地。中午12时，我军突然万炮齐发，随后突击部队发起猛攻。李延培指挥独立团迅速攻进后闻家台，充分发挥了猛打、猛冲、猛追的“三猛”战术特长，像大闹天宫的孙悟空，把敌人的巢穴搅了个天翻地覆。敌军仓皇向东北方向突围，企图抢占泡子沿、佟家窝棚阵地顽抗。李延培和战友们乘敌溃乱之际，发起多路追歼和截击，在后闻家台和佟家窝棚歼敌一部。傍晚时分，敌新5军军长陈林达率领残部逃到了前闻家台。

前闻家台是个不到300户人家的小村子，敌新5军的军部和一个师的残部，加上一个炮团、一个特务营、一个保安团5000余人，还有一大堆后勤辎重都挤在这个不大的村子里。陈林达在前闻家台固守待援，希望坚持几天，另外两路人马就可以向这边靠拢。他还不断通过电台向东北最高指挥官陈诚呼救。陈诚电令：“固守三天，以吸引匪军主力。”同时每天派出多架次飞机空投大批粮食和弹药。但由于敌人已被分割包围，空投的大部分物资落到我军阵地上，新5军的欢呼很快变成了沮丧的咒骂。但直到此时，陈林达依然不相信共军能一口吃掉他一个主力军。

敌军在村外数百米的开阔地设置了鹿砦，构筑了工事。由于连日大雪不停，积雪很深，一步踩下去就会没到膝盖，这样的雪地不要说冲锋，走路都很困难，贸然强攻会造成巨大伤亡。望着这片开阔地上深深的积雪，李延培想起了自己参加的攻打高沟、淮阴、昌图、彰武等地的战斗，灵机一动，便向第5师师长建议：“土工作业一直是咱们的长处，把壕沟挖到敌人阵地前沿发起冲锋。现在是大冬天，咱们可以来个‘雪工作业’，挖雪道做冰壕，效果会更好。”

师部认为李延培这个建议很好，可以用最小的伤亡通过积雪深厚的开阔地对敌发起猛攻。于是，李延培指挥独立团和兄弟团连夜开始了挖雪壕的行动。

夜里，狂风怒号，雪花飞溅，旷野寒彻刺骨。李延培和战士们奋力挥锹铲开积雪。地面在低温下已经冻得跟石头一样坚硬，一镐下去只留下一个小白点。大家使出吃奶的劲儿，轮流挥镐猛刨，1镐、10镐、20镐、30镐……数九寒天，每个人都是大汗淋漓，头上冒出浓浓的热气，寒冷都被驱走了。渐渐地，一块块冻土被掀开，一道道壕沟出现了。

所谓的雪壕其实并不用挖得很深，把挖出来的土在壕沟两边高高堆起来，上面盖上苞米秆，再盖上雪泼上水，严寒下雪和水很快就结成了邦邦硬的雪堆，雪壕两边筑起了两道坚固的矮冰墙，一条条带着冰墙的雪壕一直逼近到村边。李延培用脚使劲踩了踩雪壕两边的矮冰墙说："真硬呀！机枪也打不透，这雪成了咱们冲锋进攻的掩护啦!"

凌晨6时30分，发起炮击的时间到了。为了加强一线火力，第2纵队把炮兵团和另一个师的山炮营也临时划给第5师指挥，加上东北人民解放军总部的两个炮兵团和第5师自己的山炮营，总共60多门重炮炮口对准了前闻家台。万事俱备，只等总攻的命令了，可就在这时，天空突然降下浓雾，到处迷蒙一片，几米开外就看不见东西了，炮兵也根本无法瞄准目标射击，大家只好耐心等待。

早上8时30分，大雾终于散去。随着一声令下，我军的大炮齐声怒吼，有如九天降下的雷霆，震得地动山摇，火光映红了半边天空。炮弹落在村中，远远望去，一个又一个灰白色的烟团腾空升起，烟团越来越密，整个村子都笼罩在烟尘之中。开始的时候，村子里还回击几发炮弹，但换来的是四面飞来的更多炮弹，没多久，敌人的大炮就彻底偃旗息鼓了。

在猛烈的轰击下，敌人的工事顷刻间变得七零八落。炮击后，独立团和第13团从西南方向发起攻击，李延培和战友们以雪壕掩护，在壕沟中弯腰持枪快步向前突进，敌军的子弹打在冰墙上只能溅起片片冰屑，对他们毫无杀伤力。战士们突到村前，突然从雪壕中跃出，呼叫着扑向敌人。敌军看到这么多神兵突现，立时一片惊慌、四散逃命，逃不掉的只有高高举起双手投降。

我军攻进村子，直扑敌新5军军部时，遭到了敌军的反击。李延培带领一组战士占领了一个院子，一大群国民党兵围了上来，战士们在房屋中猛烈射击，敌兵不断倒下。突然几发榴弹飞来，房子被炸塌了，几个战士被埋在废墟里。李延培和其他战友在残垣断壁中继续抗击，敌军士兵的尸体在院门口堆成了小山。这时，我军后续部队冲来，消灭了这股敌人，李延培和独立团战士继续向前冲击。

1948年1月7日这一天，注定是国民党新5军最后的日子。随着我军从各个方向的突入，密集的枪声逐渐沉寂下来，只能偶尔听到一两声枪响，战场最后变得平静了。敌新5军在我军强大打击下全军覆灭，军长陈林达、第195师师长谢代蒸、副师长阎资钧以下4000多人当了俘虏，我军缴获火炮、枪支、车辆众多。

李延培后来回忆说，抓住新5军军长陈林达还很有戏剧性。陈林达毕业于黄埔四期，是国民党中央军一员主力战将，但在我军势不可当的攻击面前，他也成了熊包。李延培和战友们冲进村中心时，陈林达知道无法脱身，便化装成了伙夫，躲在被俘的国民党士兵队伍中，打算蒙混过关再伺机逃走。我军四处寻找也没有发现他的踪迹。李延培判断，在我军铁壁合围下，陈林达不可能有机会跑掉，于是他向师长献上一计。于是戏剧性的一幕出现了，俘虏们都被集合起来，围着打谷场跑步转圈。养尊处优的陈林达哪里有这样的体力，很快，气喘吁吁、大汗淋漓的他就落在了后面，身份也就自然暴露了。这个情节后来经过艺术加工，成为热播电视剧《亮剑》中的著名桥段。

闻家台战斗是一场酣畅淋漓的攻坚战和歼灭战，我军发挥想象力创造力，把冰雪天气变为有利条件，用超乎敌军想象的强大炮兵和机智有效的雪壕战术，加上步炮协同推进，一举全歼国民党中央军一个主力军，掀起了冬季攻势高潮。

还有一个有趣的巧合，1948年1月7日李延培和战友们冲进闻家台，全歼了国民党新5军；47年后的同一天，他的重外孙出生了。也许是遗传基因，也许是受家庭教育的影响，这个重外孙从小就对红色历史、对他的曾外爷的战斗事迹充满了兴趣，还根据自己奶奶和曾外爷的一段故事，创作了中篇小说《寻亲》。

八、诉苦查评

为了乘胜扩大战果，东北人民解放军总部决定，逐步拔除沈阳外围的辽阳、鞍山和开原等城市，把沈阳变成一座孤城，再一举攻取。

我军依然采用擅长的“围点打援”战术，第2纵队负责阻击沈阳方向的敌援军，配合兄弟部队进攻辽阳和鞍山，李延培的第5师独立团1948年2月4日前到达沈阳南面的烟台（现灯塔）地区构筑阻截阵地。

接到命令时，独立团正在秀水河子休整，从这里到阻击阵地还有122.5公里，要用最快的速度和最短的时间赶到指定地点。李延培命令部队立刻出发，开始急行军。为保证轻装快速，李延培要求全团战士除了武器弹药、干粮袋和小铁锹三样东西，其他的装备一概丢掉。他特别强调一定要带上小铁锹，说：“你们可千万不要小看这个铁锹，论战斗力，它能顶一个班、一个排，甚至还多。它能挖工事，还可以在近身搏斗中砍敌人，作用大得很。所以你们要随身携带，绝不能丢下。”在行军过程中，李延培和团里干部不停地进行动员，鼓舞大家士气。就这样独立团克服重重困难，只用了两天半就到达了烟台地区。

李延培要求大家抓紧分分秒秒，全团不休息，抓紧在山包上构筑防御工事。他把重机枪阵地设在巨石附近，把轻机枪和迫击炮布置在两侧，形成覆盖前沿的交叉火力。战士们已经几天几夜没合眼了，都想美美睡上一觉，但李延培知道，敌人援军很快就到，时间不等人。为尽快完成工事，他只能下了死命令：“全团加紧抢修工事，不许休息！”

有的战士发牢骚说：“白天挖工事，夜里也不睡觉，长途行军腰酸腿痛，等工事挖好了，也许一个命令下来，咱们屁股一拍走了，这些活又白干了。”李延培听了并没有发脾气，他理解战士们的心情，便耐心解释说：“打仗有矛也有盾，咱们现在修的工事就是盾。国民党的矛虽然很尖，但咱们把盾造得结结实实，他的矛就扎不透。不要怕白花力气，就算修建100次工事，只要能用上一次保了命，就够本了。”大家听了觉得有理，便继续干起来。

李延培一边检查工事一边对战士们说：“你们要记住，修工事不但要用力，更要会用脑。”他拍打着那块巨石说：“工事既要能充分发挥火力，又要能保存自己，还要方便机动和互相援助，这就是动脑子。”

李延培指导大家对工事进行了改进，增加了若干火力点，对重要部位进行加固。很快，包括规范的交通壕、堑壕、散兵坑、轻重机枪射击掩体、炮兵发射阵地、掩蔽部、救护所和弹药储存所在内的纵横相连、互为网络的阵地防御体系建成了。

攻打辽阳的战斗展开了，沈阳的敌军不出意料紧急出动前往增援。第5师依托有利地形展开了英勇阻击。独立团承受着敌军主力部队的狂攻，战士们这时明白了李延培为什么对修工事如此重视，虽然敌人的炮火非常猛烈，但精心构筑的工事抵抗了很大部分的打击。战车伴随着步兵一次又一次向我军阵地进行冲锋，李延培和战友们利用各个点位的火力交叉射击，用迫击炮、掷弹筒和手榴弹把敌军炸得东倒西歪。为了尽快拿下我军阵地，敌军组织了军官督战队在后面监督，敢死队带头拼命往上冲。独立团的指战员们轻伤不下火线，重伤还帮着装填弹药，发扬血战到底的顽强战斗精神，给敌人以重大杀伤。

就这样，独立团击退了正面阵地一个加强团的多次进攻，敌军只能望着我军阵地兴叹。由于把援军牢牢堵在了沈阳南，攻城的兄弟部队侧翼安全得到了保障，辽阳被我军攻克。独立团和第14团还密切配合，打退了苏家屯方向的敌军，保证我军顺利解放鞍山。

1948年2月27日，李延培又带领独立团从鞍山转战到130公里外的新民和巨流河一带阻击敌人，协助兄弟部队解放开原。随后又向北行进150公里到达泉头一带设防，协助兄弟部队夺取四平。3月13日，我军解放四平，历时90天的冬季攻势胜利结束。我军共歼灭国民党新5军等部8个师共15.6万人，将敌人压缩在长春、沈阳、锦州等几个互不联系的孤城内，东、西、南、北满解放区完全贯通。

在冬季攻势中，李延培带领独立团随主力部队一起先后攻克彰武城的坚固城防，歼敌1个整师，又打下闻家台，歼灭敌新5军。在解放四平、辽阳、鞍山、北原等城市的战斗中，李延培和独立团的战友们虽然没有担任攻城拔寨的主攻任务，但他们挑起了更为艰巨的阻击援军的担子。在武器装备不如敌军、人数处于劣势的情况下，他们不怕牺牲、克服困难、战胜严寒，在1948年1月30日到3月13日不到一个半月的时间内，往来奔波400多公里，连续长途奔袭，圆满完成了任务，为解放东北各城市做出了贡献，被誉为“钢铁打援团”。

冬季攻势结束后，按照部队统一部署，独立团在四平进行了两个半月的整军运动。

整训活动主要包括诉苦和查评。诉苦活动分为三步：第一步开展“谁养活谁，谁剥削谁”的专题讨论。李延培组织独立团干部战士访贫问苦，使大家深切感受到了地主对贫苦农民的压迫，让大家更加直观感受到是地主阶级的剥削造成了穷人的不幸。

第二步是开展控诉血泪仇活动，一些苦大仇深的战士走上讲台，字字血声声泪，控诉地主土豪逼得自家妻离子散、家破人亡、流落他乡逃荒要饭的悲惨经历。讲到痛苦处，战士哽噎得难以继续，大家也都禁不住痛哭失声。李延培每天深入连队同战士们一起诉苦，回忆苦难生活和被逼参军闹革命的经历。诉苦运动激发了大家对反动统治阶级的切齿痛恨，坚定了拯救贫苦大众、解放全中国的决心。

第三步是挖苦根，让大家认识到穷人的苦难都是帝国主义、封建主义、官僚资本主义“三座大山”造成的。李延培对大家说：“只有推翻‘三座大山’，打倒蒋家王朝，劳动人民才能挖断苦根，获得解放；只有进行土地改革，穷人才能翻身；只有抓紧枪杆子，才能保卫胜利果实。”通过这一活动，大家逐渐从感性认识上升到了理性认识阶段。

在诉苦和挖苦根活动后，李延培还组织独立团给被反动派迫害而死的指战员家属举行追悼大会。追悼会会场庄严肃穆，会场门口搭起了写有“誓死报仇”横幅的松柏门，灵堂上摆放着100多名死难家属的灵牌。战士们神情肃穆地进入灵堂，这时炮鸣三响、哀乐齐奏，大家向死者鞠躬默哀、敬献花圈。战士代表发了言，李延培号召大家化悲痛为力量，不断斗争，彻底挖掉苦根。战士们举起右手，握拳宣誓：“坚定革命意志，练好革命本领，解放天下受苦人，不消灭蒋贼，誓不罢休！”

李延培还按照纵队统一部署在独立团开展了查评运动，查评的主要内容包括对干部的“五整一查”和对基层的“三查”。“五整一查”主要是整思想、整作风、整纪律、整关系、整编制，以及查成分。“三查”活动主要是指查阶级、查工作、查斗志。李延培组织大家以营为单位召开“民主大会”，开展批评和自我批评。基层干部主动检查带兵爱兵方面的缺点，战士自觉检查组织纪律性方面的问题。揭发和批判右倾情绪、本位主义、享乐思想、军阀习气以及主观主义作风。同时对战斗失利、工作落后的连队和部分人员腐化堕落、骄傲自满情绪进行严肃批评，通过这一活动整顿了纪律和作风，消除了干部战士之间的隔阂，增强了团结，掀起了新的尊干爱兵热潮。

整训结束后，根据上级指示，李延培来到龙江军区从事剿匪工作，他凭借过人的胆识勇闯大兴安岭，成功劝降鄂伦春族莫氏部落下山投诚，成就了一段英雄传奇故事，书写了更加精彩的战斗篇章。

第十章　孤胆英雄传奇

一、主动请缨

在我国的东北地区，有一座绵延宏伟的山脉——大兴安岭，这里有着茂密的原始森林，落叶松、红皮云杉、白桦树、山杨构成了丰富的林木资源。甘河、多布库尔、呼玛、额木尔等20多条大小河流注入黑龙江。这里还有熊、鹿、麋、貂、麝、狍、獐、雉鸡、雪兔等野生动物和毛皮野兽。冬天是大兴安岭最长的季节，漫山遍野一片白皑皑的景象，山岭、林木、原野、河流都披上了银装。

广袤、寒冷、静谧的兴安岭地区生活着一个中国东北地区人口最少的少数民族——鄂伦春族，鄂伦春人勇敢剽悍、粗犷豪爽，一人一匹马，一人一杆枪，千百年来以狩猎为生。抗日战争时期，日伪特务机关采取拉拢欺骗等手段，将居住在山林中的部分鄂伦春人改编为“栖林大队”。抗战胜利后，“栖林大队”又在国民党势力和当地土匪的裹挟和蒙蔽下，被收编为东北挺进军混成第6旅骑兵第20团。他们接纳了逃往深山的土匪，并为他们提供保护。鄂伦春族的莫金生、莫东生兄弟与国民党特务和土匪头目磕头烧香拜把子，结成反动联盟，在黑龙江省北安一带骚扰破坏，与人民政府为敌。

解放军曾先后出动3个团的部队进山剿匪，但兴安岭森林遮天蔽日，深沟、乱石、草甸、淤河参差交错，地形地貌非常复杂。这股鄂伦春族土匪都是猎人出身，枪法百步穿杨、十分精准。他们以茂密的森林为掩护，凭借着对地形和地势的熟悉与前来剿匪的解放军周旋。在多次战斗中，他们给解放军部队带来了很大的损失，从1945年到1948年年底，我军战士400多人被他们打死打伤，其中包括10多名团以上干部。1946年6月12日，黑河军分区司令员兼地委书记王肃等同志遇袭身亡，剿匪斗争陷入困境。部队指战员非常愤怒，准备动用大炮等重武器将这股鄂伦春匪帮彻底消灭。

但中共中央和中共东北局作出了指示，莫金生、莫东生的问题是特殊的民族问题，应与国民党组织的政治土匪、惯匪、顽匪等匪徒区别对待。黑龙江省委、省政府和省军事部开始调整策略，从武装围剿为主改为以政治思想教育为主、武装围剿为辅。剿匪部队选派了连、营级干部战士进山，向受蒙骗的莫金生、莫东生等鄂伦春人做耐心的思想教育工作，促使他们主动下山投降，实现以和息战。但在暗藏在鄂伦春队伍中的国民党特务分子的挑拨下，他们先后杀害了10多名优秀干部战士。再次派人上山劝说可谓九死一生，而且成功性微乎其微。

1948年12月，大小兴安岭进入了冰雪模式，灰蒙蒙的寒气笼罩着北安县城。街上的人少多了，有几个人也是穿着厚厚的棉裤棉袄，匆匆走过。

龙江军区军事部部长于天放正在看文件，秘书走进办公室："报告，外头有人要见您。"

"哦?"于天放抬起头问，"是谁呀?"

秘书说："是咱们警卫团的李政委。"

于天放有点诧异道："让他进来吧!"

面庞清瘦、颧骨高耸、眉毛厚重、干练严肃，身上透着一股威武气质的李延培走进于天放的办公室，行了一个标准的军礼。

"是李政委啊。"于天放微笑着站起来招呼李延培，"快坐下，你今天找我什么事呀?”

李延培坐在椅子上挺了挺腰说:“军区关于鄂伦春的剿匪通报我看过了,好几宿都没睡好觉。不到20天我们劝降的干部战士就牺牲了12个,他们都很年轻,实在太可惜了!”

“我也很难过!”于部长沉吟了一下,看着李延培,“你是为这个事来的吧,你有什么想法?”

李延培猛地站了起来,大声说:“如果你信任我,我愿意上山走一趟,劝说鄂伦春人下山投降!”

看着李延培,于天放陷入了沉思。为了彻底解决鄂伦春匪患,龙江军区向东北解放军发出请求,抽调具有丰富军事斗争经验和剿匪经历的一线指挥员前来支援。经过慎重考量,时任第2纵队第5师独立团团长的李延培被派到龙江军区协助开展工作。1948年7月,李延培带领40多名独立团的干部战士来到龙江军区报到,他先后担任黑龙江省军事部军事科长、省军区独立团团长兼政委、省军区警卫团政委等职,先后在拜泉、泰安、海伦、德都和北安等地开展剿匪行动。

于天放很欣赏李延培的勇气,但同时也很担忧:“延培,这股鄂伦春土匪很凶悍,还有国民党顽匪从中捣乱,你上山劝降危险性太大了,一旦有个差错,我们无法向党、向组织交代,还是得从长考虑。”

李延培语气很坚定,目光炯炯地看着于天放说:“上山劝降很危险,这我知道,但不付出牺牲,哪里会有成功?我几年来大大小小的剿匪战斗打了很多,也接触过各种土匪,知道他们的习性,可以随机应变。”

看到于部长要说什么,李延培又请求道:“让我去吧,现在东北大局已定,那些鄂伦春族人应该也明白这一点。这些天我也了解了一些情况,现在这股土匪已经快弹尽粮绝,他们抢来的粮食维持不了几天,再加上天气寒冷,他们中的多数人,尤其是鄂伦春族人估计已经不愿意再过东躲西藏、忍饥挨饿的日子,都希望过上安稳的生活。我讲明利害,给他们指出一条光明大道，他们会动心的，我一定能把这个鄂伦春部落平安带下山来。”

于天放语气有所松动：“你考虑得很细，分析得也很透彻。但这件事关系重大，我要和王司令等领导碰下头再决定。”

“好！我等着消息。”李延培起立，又行了军礼，昂然走出房门。

两天后，省军区会议室内，桌子的一边坐着军区司令员王钧、军事部长于天放。另一边坐着省军区警卫团团长范德林、政委李延培，还有1营教导员穆景祥。

于天放郑重地说：“军区领导根据延培分析的情况，以及他的要求进行了认真研究，同意李延培同志和穆景祥上山劝降。”

看到李延培二人兴奋的神情，于天放郑重地说：“你们都是老党员、老军人了，相信你们能够圆满完成任务。至于如何做，就要靠你们自己随机应变了。但不管怎么说，我们大家都希望你们小心谨慎，安全返回。”

李延培大声说：“请首长放心，我们保证完成任务！”

于天放从文件袋里掏出一封信递给李延培说：“这是我写给莫东生、莫金生的信，你一定要当面交给他们，要讲明利害，让他们迷途知返。”

王钧司令员叮嘱道：“你们要注意协调配合，携手并进，祝你们圆满完成任务。”

李延培说：“请放心，我们明天就出发。”

“好，你们就回去准备吧。”于天放紧握着李延培和穆景祥的手说，“再见，祝你们成功！我等着你们凯旋。”

李延培和穆景祥立正行军礼，雄赳赳地走出了办公室。

二、勇闯虎穴

这是1949年1月初的一个早晨，在北安县城通向兴安岭的小路上，两匹高头大马疾驰而来。跑在前面的是一匹大红马，马上的人身穿军大衣，头戴长绒帽，看上去很是英武，他就是龙江军区警卫团政委李延培。在他的后面，警卫团1营教导员穆景祥骑着白马紧紧跟随。穆景祥是抗联老战士，为人足智多谋，胆大心细。他在依安、拜泉等地剿匪多年，对这一带的地理很熟悉。李延培这次主动请缨上山，二人肩负着拯救鄂伦春族人，彻底平定匪患的重任，可以说是危机重重、九死一生。但他们义无反顾、大义凛然，穿林海跨雪原，充满了“风萧萧兮易水寒，壮士一去兮不复还”的英雄豪气。

此时正是东北最寒冷的季节，凛冽的北风像刀子一样刮来，雪花漫天飘飞。李延培二人翻过几道山岭，在一个山坡上立马瞭望，只见远处山峦起伏绵延，密林无边无际，一片白茫茫的景象。

李延培用马鞭鞭鞘指了一下前方，对穆景祥说：“这兴安岭太大了，路实在太难走了。”

“是啊。”穆景祥点了下头，“兴安岭的地形很复杂，山上林子又大又密，连天空都看不见，一进去东南西北都分不清。山沟里净是石头塘和烂泥深沟，还有许多大塔头甸子，草比人还高。冬天更邪乎，雪又多又厚，路更难走。”

李延培说：“这次上山咱们是把脑袋别到裤腰上了，只能成功不能失败，一定要完成任务。”

穆景祥说：“政委放心，要是他们敢对咱们动手，我拼了命也要掩护你，绝对保证你的安全。”

李延培笑了笑说：“咱们连枪都没带，怎么和他们拼？这次咱们来不是动武的，而是要给鄂伦春人讲道理，让他们心甘情愿地下山投降。”

他们一边说着话，一边往前走。林子越来越密，山势也越来越陡峭，李延培和穆景祥只能跳下马，牵着马步行前进。虽然这会儿雪停了，但积雪很深，一脚下去直没到膝盖。二人深一脚浅一脚地走着，每一步都很艰难。

过了邵把头木营，二人来到了一个叫哲林库山沟的地方，沟两边都是立陡的石砬子，看上去十分险峻。穆景祥用手一指说：“那边有一条小山沟，坡度比较缓，之前当地人告诉我，往下走就应该可以找到那帮人了。”于是李延培二人顺着沟道下到了大沟底部，又向前走了四五里，突然林中响起一声大喝：“站住，不准往前走了！”随即就是一阵拉动枪栓的声音。

李延培循声看去，只见几个土匪拦住了他们的去路，其中一个端着枪往前走了几步，眼睛死死盯着二人的服装问：“你们是八路？”

李延培低头看了一下自己的衣服，这次出发前他想到，前几次执行劝降任务的战士都穿着便装，土匪会认为他们是秘密行动的侦察兵，会有恐惧心理，并使用暴力手段。这次不如身着军装，亮明身份，正大光明地去谈判，打消他们的疑虑，也许能收到奇效。此时面对黑洞洞的枪口，李延培冷静地回答：“我们是中国人民解放军的谈判代表，要见你们的头领莫金生和莫东生，请你们通报一声。”

那土匪喝道：“我不管你什么八路军解放军，先把枪扔了，举起手来！”

李延培两手一摊道：“别害怕，我们是来谈判的，没有带武器！”说着就伸出手：“这位兄弟好，握个手吧。”

那人吓得后退了一步，显然这个八路的冷静和勇敢很令他意外，他招了下手说：“给我搜。”上来几个土匪把李延培二人浑身上下仔细搜了一遍，那土匪又命令：“把他们绑上。”

李延培大声说：“慢着！不用绑，我们是主动来找你们的，又不会跑，你们怕什么？”也许是李延培凛然的表情和无畏的气势镇住了土匪，他们没再坚持捆绑，把他和穆景祥押进了寨子。

莫氏兄弟的山寨建在一块平坦的地方，四周有一圈木头栅栏，寨中间有一块空地，空地四周建着用木杆、桦树皮、草帘子和野兽皮搭起的尖顶窝棚，鄂伦春人叫它“撮罗子”。

李延培和穆景祥被押进了莫金生的“撮罗子”，莫金生看着身穿解放军军装的李延培二人，冷冷地问：“你们是谁？上山干啥来了？”

李延培朗声回答：“我是中国人民解放军龙江军区警卫团政委李延培，他是警卫团营长穆景祥，我们受省军区首长的委派前来见二位头领谈判的。”

“谈判？”莫金生漫不经心地说，“谈什么？咱们打了那么多仗，还有什么好谈的？”

李延培说：“我们解放军和人民政府希望你们放下武器下山开始新生活，省军区军事部的于天放部长还带来了亲笔信，请你们看看。”

莫金生打开信看了几眼，突然脸一沉道：“别扯犊子了，俺们鄂伦春人绝不会投降！”随即下令：“把他们拉出去崩了！”几个土匪拥上来绑起李延培他们就推着往门口走。

“慢着！”李延培厉声喊道，“枪毙算什么？脑袋掉了不过碗大个疤。我既然敢来，就没打算活着回去，等我把话说完再杀我们不迟！”

就在这时，一个声音响起：“等等！”原来是莫金生的兄弟莫东生来了，此人在莫氏一族中有较高的威望，而且遇事冷静，比较有头脑。他拿过于天放的信子细看了一遍，对莫金生说：“先听听他咋说再做决定吧。”莫金生沉默了一下，没有反对。

李延培知道，生或死、成或败全都在此一举了，必须抓住这个可能是他唯一说话的机会。于是，他慷慨激昂地开始了“演讲”。

“鄂伦春兄弟们，我要说的都是关系到你们的前途和生存的事。现在辽沈战役已经结束，东北已经全部解放了。国民党的正规军，还有那些什么挺进军、光复军等土匪都已经被消灭了，现在中国人民解放军第四野战军已经入关南下，很快全国都要解放了！”

这时，一个嘶哑的声音喊道：“别听他胡说，中央军都到哈尔滨了，他在搞赤色宣传，杀了他！”混入鄂伦春部落的国民党挺进军顽匪战国芳和曾桂山等见势不妙，大声喧哗了起来。

莫东生喝道："别嚷嚷！让他把话说完！"周围顿时安静了下来。

李延培清了清嗓子继续说："你们有没有感觉到，最近一两个月，我们解放军不再派部队追剿你们了，这是为什么？因为我们都知道，你们是少数民族，人口又少，都是受苦的人，你们参加国民党的土匪组织'挺进军'，是受蒙骗的，是上了坏人的当。我们不怪罪你们，因为你们总在山里，不了解外面的情况……"

"住口！你这个该死的八路，不要让他说了，都是假的……"战国芳、曾月文等汉匪又大声喊起来。

"瞎吵吵什么！"莫金生的侄子、副团长莫德林突然吼道，"你们怎么知道是假的？让他说下去！"其他人也跟着喊起来："让他讲，让他讲！"

李延培目光炯炯地盯着战国芳等："你们才是满嘴谎话，你们说中央军快到了，都说好几年了，他们在哪儿呢？'挺进军'又在哪儿呢？"他转向莫氏兄弟等人："你们想一下，现在的形势是什么？你们的粮食和子弹都缺，妇女孩子生病了也没办法治，就凭你们几百人还能撑多久？千万不要再耽误了，早点儿下山归顺人民政府，政府会安排好你们的生活，吃的穿的用的都不用愁，孩子能上学，老人病了也能看医生。"

李延培精神饱满、滔滔不绝地讲着，越说越激动，调门越来越高，声音从"撮罗子"里一直传到了外面，门口也围了不少鄂伦春人在听。李延培从全国局势讲到国际形势，从党的民族政策说到鄂伦春族的未来……一路奔波的他口干舌燥，嘴角满是白沫，唾沫星子直往外喷。

李延培继续慷慨陈词："我们为什么要来找你们谈判呢？就是按照我们党中央和毛主席的指示，不再用武力追剿你们，而用说服教育的方法，让你们知道外面发生的变化，好走上正道。我们这是在保护你们，在拯救你们哪！鄂伦春兄弟们，千万不要再执迷不悟了，如果还要继续和人民政府作对，那你们可就真的危险了，好好想想吧！"

"撮罗子"内外静悄悄的，众人被李延培的话吸引住了，一个个瞪着眼、张着嘴定定地看着。他们从没见过这样口若悬河，用一副豁出性命的架势说话，而且能讲出这样一番大道理的人，一个个不由得听得出了神，一些人还细细品味、若有所思。连莫金生都不由得对李延培的胆略和口才暗暗敬佩，但想起过往那些事，解放军真能不记恨、不为被杀死的人报仇吗？他心里依然踌躇忐忑。

李延培好像看穿了莫金生的想法，要全力打消鄂伦春人的顾虑。他对莫金生和莫东生兄弟说："我知道你们还担心以前的事。过去的就过去了，让兴安岭的风一下都吹走了吧。我们共产党的政策是向前看、既往不咎，如果你们不放心，可以先派个代表下山看一看，了解一下情况。我们的军区司令和省政府的领导都会见你们，我保证你们的谈判代表来去自由。我愿意留下来做人质，到时候下山的人回不来，你们可以杀了我，我毫无怨言。"

莫氏族人小声议论起来，大家都觉得李延培说得在情在理，应该先看一看谈一谈，留条后路。过了一会儿，莫德林站起来对莫金生说："这样吧，我先代表大家下山看看，回来再说。"莫金生挥挥手，命令先把李延培和穆景祥带下去看押起来。

莫氏兄弟接下来召集大家进行讨论。战国芳、曾月文等国民党顽匪依然力主马上杀掉两个解放军代表，认为他们是密探，如果放回去，他们会带着解放军大部队前来围剿。莫东生认为李延培正大光明上山，态度很诚恳，讲得也很有道理，应该抓住这次机会，好好为山寨、为鄂伦春人的前途考虑考虑，莫金生的侄子莫德林和他们的长辈莫福全、莫福宝也赞成莫东生的意见。也许是被李延培的演讲触动，也许是莫家族人的态度起了作用，经过反复商量和激烈争论，莫金生最终决定还是先下山看看再谈。

就这样，李延培他们在被捆绑了两天，又被关押了7天后终于等来了消息。莫氏兄弟决定把穆景祥留下来当人质，莫德林和他的警卫莫德生一起跟随李延培下山考察谈判，7天后返回。一场剑拔弩张的危机终于解除了，和平解决迎来了曙光。

三、心灵触动

清晨，山寨的栅栏门前聚集了不少人，莫氏兄弟和族人，以及留下做人质的穆景祥一起送李延培、莫德林和莫德生下山。

李延培和穆景祥紧紧拥抱，动情地说：“老穆，委屈你了。保重身体，注意安全，等着我们回来。”

穆景祥郑重地点了点头说：“李政委，我相信你，我们会成功的。”

和寨中人挥手告别后，李延培、莫德林等人上马离去，马蹄将白雪扬起老高，飞起一片片白色的雪花，一行人很快消失在山谷密林中。

当李延培等人经过艰难跋涉，终于平安回到黑龙江省政府所在地北安县城时，引起了一阵轰动。看到又黑又瘦、衣衫褴褛的李延培不但平安回来，还带回了山上的谈判使者，战友们又惊讶又高兴，都称他是单刀赴会的“孤胆英雄”。

龙江军区司令员王钧、军事部部长于天放、副部长王化成、省公安厅厅长倪伟等领导集体接见了莫德林。莫德林一头微黄的短发，身穿黄布薄棉袄，脚上是狍腿皮做的靴子。他的警卫莫德生身着黑布短棉袄，扎着腰带，脚蹬高筒靴，笔直地站在他身后。

于天放代表省政府和军事委员会对莫德林的到来表示欢迎，他再次表示：“只要你们鄂伦春人与国民党特务那些人划清界限，不再与解放军对抗，下山投靠人民政府，我们坚决执行既往不咎、宽大为怀的政策，共产党人说到做到。我们省政府希望与受蒙骗的鄂伦春人签订协议，我们对你们的保证一定会坚决执行。不仅考虑现在，还要考虑长远，使鄂伦春族兄弟满意。你们可以在北安城里转一转，看看人民政府领导下的新变化，也多了解一下我们解放军的诚意。然后我们商量起草一个协议。”

莫德林说：“感谢各位长官的信任，也感觉到了解放军的诚意。我会多看看，也希望能促成这件事。”他略微沉吟了一下：“只是我不认识几个字，也没签过什么协议，真不知道该说什么，该怎么做。”

李延培对莫德林说：“这个不难，协议内容主要有两部分：一是政府对你们的要求和要做的保证，这是我们要做的。二是你们对政府的要求和你们要做的保证，这些内容你可以提出来，咱们把它写进协议里。经过双方的讨论，没有什么意见了就可以签字，协议就生效了。以后我们政府也好，你们也好，都得按照协议规定的内容去办。这样，关于你们下山的事儿就算解决了。”

莫德林和莫德生认真地听着，不住地点着头。

第二天，李延培带着莫德林和莫德生参观营房和城市面貌。走进部队训练场，解放军战士正在列队操练。3个营的官兵以连、排、班为单位正在操练，有的进行队列走步，有的匍匐前进，有的练习刺杀，口令声、喊杀声响彻兵营大院。

莫德林睁大了眼睛在看，似乎被惊呆了，他问李延培：“这是你们整个省军区的队伍吗？”

“不全是。”李延培回答，“这只是我们省军区的一个警卫团，其他几个团都在外面执行任务，人还多着呢。”莫德林听后若有所思地点了点头。

军营后勤部的武器库是一座100多米长、砖瓦结构的大库房，库房前摆放了两排各式大炮、小炮，足有100多门。走进库房，整个房间都摆满了各种武器和弹药，这边是一排排各式轻重机枪，那边堆着小山一样的大小木箱，里面都是各种枪支、炮弹、子弹和手榴弹。莫德林和莫德生再一次被震撼到了。

一行人又来到了北安街道，北安城并不大，但街道很热闹，市场也很繁荣，这一切都令莫德林感触很深。

他们走进北安第一百货公司，宽敞明亮的售货大厅展现在眼前，货架上摆满了琳琅满目的商品，购物的人熙熙攘攘、进进出出，一派热闹景象，每个人的脸上都挂满了笑意。走到服装鞋帽柜台前，李延培坚持给莫德林他们每人买了一套棉衣棉裤和一双棉胶鞋。在食品柜又给莫德生称了二斤糖块儿，给莫德林拿了两瓶白酒。

接下来的谈判很顺利，在北安的所见所闻和经历，尤其是党和政府的宽宏大量及细致关心使莫德林心灵受到了很大触动，思想发生了根本转变，坚定了促成和谈的决心。双方就一些具体问题进行了交流，莫德林提出了几点要求：一是鄂伦春人下山后，希望政府能帮助他们回老家选一块能打猎、能种地的地方居住下来；二是他们把打到的猎物和山货野味拿到政府指定的商店公平地买卖收购，或进行实物交换；三是政府帮助他们在居住地盖一所学校，让族里的孩子能上学读书。

对于这些请求，省军区领导都一一答应，李延培还一再向莫德林交代党的政策，只要他们下山定居服从政府领导，政府会帮助选点建设定居点，想打猎的人可以继续留在山上，除重武器外，一般的枪支不用上缴。

在北安住了两天后，莫德林准备返回。解放军还赠送给鄂伦春人几大车粮食、衣物和药品等救济物资，让莫德林带回山寨。李延培也陪着莫德林二度上山，继续进行劝说工作。

莫德林真诚地说："这两天我弄清楚了很多问题，也受到了很大教育。过去我们受坏人的欺骗利用。当时李长官上山讲全东北都解放了，我还有点儿半信半疑。现在我完全相信了，国民党确实败了，共产党确实胜了。"

看着车上的救济物资，莫德林很激动地说："我们跟解放军打了好几年的仗，给政府和百姓造成了很大的损失，犯下了很大的罪。但政府和解放军不但不怪罪我们，还宽厚对待我们，答应我们所有的条件。昨天我到军营看时就想，解放军人这么多，武器又这么好，如果这个时候上山打我们，我们真的就完了，就是再跑，不是饿死就是冻死。你们没有出兵，确实是在爱护我们，拯救我们，还给我们这么多救济物资，共产党是好党，人民政府是好政府！我回去一定把情况原原本本地向他们报告，把协议上的内容给他们看看，劝他们尽快签协议。”

于天放部长大声说：“一口唾沫一根钉，我们共产党人说话是绝对算数的。”

莫德林使劲儿点着头说：“放心吧，我回去就动员他们下山，就是他们不下山，我自己也要下山。”

去往山寨的路曲曲弯弯，车马队在白雪覆盖的路面上走着。李延培三人骑马前进，莫德林打头，李延培骑着大红马紧跟，其后是一队各套了3匹高头大马的胶轮车，车上装满了粮食、生活医疗物资，莫德生在最后面压阵。身穿羊皮大袄的车老板不住地吆喝着马儿，挥舞着长鞭不时地打起清脆的响鞭。李延培不时回头看着艰难行进的大车，大声提醒着：“都跟上，别落下了。看好驮子，别让树枝把袋子剐破了!”

天傍黑的时候，车队回到了山寨，大门口有人在张望，寨子中央的空地上燃起了一堆篝火，把整个寨子照得通明。

不知是谁大声喊叫起来：“他们回来了！他们回来了!”随着喊叫声，几乎全寨子的人都跑到大门前来迎接。

四、拜认干亲

李延培陪着莫德林，带着救济物资返回山寨，鄂伦春人很高兴，认为共产党解放军言而有信、做事敞亮，对李延培也多了一份信任。看到一车车的粮食、物品和药品，他们更是欢呼不止。男女老少一起动手，将救济物资从马车上卸下来，堆放到篝火旁。大家提着布袋、皮口袋，端着坛子，拿着盆碗跑来。他们用盆碗盛上米面，倒进各家的袋子里和坛子里。熊熊的篝火映红了人们的笑脸，温暖着人们的心窝，他们不时地向站在篝火旁的李延培等人望上一眼，或比画出一个赞扬的手势，然后背着面袋子端着米坛子高高兴兴地回到自己的“撮罗子”。

莫德林把北安之行见闻，以及解放军的诚意和关怀向莫氏兄弟和族人做了报告，他说：“我这次跟着李长官去北安，说心里话，开始就是想下去看一看。没想到到了那儿，我成了贵客。黑龙江省的省长、军长、司令、厅长等一些大领导都来见我，我们谈了签协议下山的事儿。李长官还领我们参观了军营。我一看，光是李长官的一个警卫团就有2000多人，武器弹药老鼻子多了。我在北安看见大家生活得都很好，市场、商店人也很多。现在东北都解放了，马上全国也要解放，咱们以后怎么办？”他喝了一口茶水继续说，“我也想了，摆在咱们面前的路只有一条，就是下山投降。咱们不能再像以前那样玩命了，再这样打下去不但保护不了老婆孩子，也得白白送死。我看共产党、解放军对咱们还是很关心爱护的，他们说，只要咱们下山，不再和政府作对，就对咱们既往不咎，还照顾咱们的生活，让咱们继续在山上打猎，保留猎枪和骑马。咱们应该相信共产党，相信政府。”他还把协议书草案念给大家听。

李延培也再次转达了人民政府和解放军的意见，他说：“刚才莫德林兄弟谈的都是真实情况，你们愿意下山我们热情欢迎，以后还要全力帮助照顾好你们，使你们过上安定自由平等幸福的新生活。”

莫东生高兴地说：“李长官让我们了解了许多事情，也使我们懂得了许多道理。关于协议我有几点小补充，一是我们下山回老家定居之后，谁来组织领导我们，要不要成立类似汉族人的村农会或乡政府；二是协议中要明确定居后允许打猎的范围，比如沾河、库尔滨，甚至汤旺河这些地场；三是我们现在很多人都有这个病那个病，尤其是肺结核病，下山之后政府能不能派个大夫到我们居住的地方给治疗，如果将来能建个卫生所就更好了。”

李延培点点头说：“东生大哥的意见很好，我回去汇报给军区，这些应该都不是问题。咱们这个协议是根据我们的民族政策和你们鄂伦春族的实际，用最大的耐心和诚意制定的。鄂伦春族是我们的阶级兄弟，我们一定会全力安排好、照顾好你们的生活，让老人、妇女和娃娃都过上好日子。我们回去就联系部队派医生上山，给咱们生病的鄂伦春人治病，病情严重的下山去治疗。”

莫金生慢慢抬起头说：“你们协议里说，我们受骗了，所以参加了‘挺进军’，给贵党和政府造成了很大的损失和麻烦。如果说受骗了，那我们也是受了国民党的骗。现在我们的路只有一条，就是好好谈判好好商量，给族里的人和寨里的人找一条新路。”

大家又商议了一阵，多数人都同意再次谈判，条件满意就投降。莫金生的几个叔父也说：“哪有老百姓跟国家捣乱的，这几年跟你们胡干，现在情形不同了，谁愿意干就自己去干吧！”看到人心所向，莫金生只好同意派莫德林再次下山谈判，敲定细节，确定协议内容。

第二天天亮了，太阳冒出了山头，天空一片晴朗，这是入冬以来少有的艳阳天。看到了和平的曙光，不用再打仗了，寨子里的气氛变得轻松活跃起来，不时看到人们匆匆走动的身影，听到相互打招呼的声音。

寨子大门口，20多匹马和上百人呼出的气，汇聚成了一片升腾的白雾，莫氏兄弟和寨里的人们欢送李延培和莫德林一行再次下山。

双方的第二次交谈气氛更加融洽，但吃饭时，莫德林却提出了一个让所有人感到意外的要求。

几杯酒下肚，莫德林握住李延培的手说：“我活到现在，最佩服的就是你李长官。那么危险你还能上山来给我们讲道理讲政策，一点儿都不怕死，你太了不起了。用我们鄂伦春的话说，你就是‘大巴图尔’，是大英雄！是我们鄂伦春人的救命恩人！”说着站起来深深地鞠一躬。

李延培说：“德林兄弟，不要感谢我，要感谢共产党、感谢人民政府。”

“对！要感谢共产党，感谢人民政府。”莫德林看了身后站着的莫德生一眼，欲言又止地说，“李长官，我还有个事想……”

李延培笑着问：“什么事啊？咱们之间不用客气。”

莫德林鼓了鼓勇气，把莫德生拉到面前说：“他是我弟弟的孩子，父母都没了，是在我家长大的，今年17岁了。他很崇拜你，所以我想让你当他的干爹。”

李延培知道，鄂伦春族内磕头拜把子和认干亲很盛行，他们以此建立感情，增加信任，避免背叛伤害。莫德林此举也有和解放军结成父子之亲，保证他们以后平安无忧的意思。从团结民族兄弟、促成和平解决的角度看，也没有理由拒绝。况且，自己也很喜欢莫德生这个小伙子。

“好啊！”李延培对莫德林说，“咱们是兄弟，你的侄子也就是我的孩子了。”

话音刚落，莫德生扑通跪下，“咣咣咣”给李延培磕了三个头，口中不住地说：“干爸好！干爸好！”

李延培忙扶起莫德生说：“不敢当，不敢当！”

“当得！当得！”莫德林说着，开心地哈哈大笑起来。

李延培拍着莫德生的肩膀说：“孩子，好好干，以后还要上学读书学好本事，为你们鄂伦春族服务，为国家做贡献，好吗？”

莫德生起身立正给李延培行了个军礼：“报告干爸，我一定好好干！”大家热烈鼓起掌来，解放军和鄂伦春人之间的距离一下子更拉近了。

认亲仪式完成，双方再次确定条款，商定细节。李延培向莫德林重申政策：第一，投降后不能再抢东西，吃穿用度都由政府供应并派车送到；第二，鄂伦春人愿意在山上打猎也可以，什么时候下山尊重个人意愿；第三，山上队伍中那些汉族人，以及部分日本人和顽匪，全部要送下山来交给人民政府处理；第四，不准放火烧山，要保护森林不受损失。莫德林表示一定会认真转达、认真落实，一心一意跟共产党走。

事情很顺利，李延培和莫德林叔侄押送装有粮食、药品、蔬菜、烟酒、糖果等物资的马车回到山寨，在人们的簇拥下，马车来到寨子中央，大家齐动手，很快将物资卸下来，堆放在一起。

五、签约下山

莫德林回来后把李延培宣布的四条政策一公布，大多数鄂伦春族人都没有异议，同意签约下山投降，开始安定的新生活。但上百名汉族土匪等对第三项“山上队伍中那些汉族人，以及部分日本人和顽匪，全部要送下山来交给人民政府处理”这一条又恨又怕，恨的是共产党居然说动了莫氏兄弟投降，害怕的是下山后受到人民政府的严惩。而莫金生也不愿意把其中十几个和自己磕过头、结拜过兄弟的汉人交出去，认为那样不够义气。

李延培理解莫金生的想法，认为一个人的思想转变总会有一个过程，他会慢慢做工作，相信他的思想最终会通的。

夜幕降临了，或许因为不再担惊受怕，人们都睡熟了，整个山寨显得格外宁静。李延培和穆景祥商量了一阵事情，也躺下入睡了。而国民党顽匪曾月文，还有营长黄义南秘密召集心腹开会，决定天亮前动手发动“兵变”，干掉莫氏兄弟和莫德林，杀掉李延培和穆景祥，拉走队伍继续顽抗。没想到，一个参会的青年猎民德宝悄悄溜出来把这一阴谋告诉了莫东生。

莫东生紧急来到莫金生的“撮罗子”报告情况。莫金生万分惊怒，他随即集合队伍，包围了顽匪们开会密谋的大房子，一脚将房门踢开，端枪闯入房内，把40多人的武器收缴，带出来押到寨中央空地上。这些人一个个垂头丧气，哭丧着脸，嘴里还不住地说：“都是他们干的，和我们一点儿关系都没有，冤枉啊！”

莫金生端着手枪，铁青着脸向前走了两步，大声说：“你们有人要造反，要杀我们几个，好大的胆子！都有谁？站出来！”

五六个人战战兢兢地从队伍中走出，莫金生走到一匪兵面前，一脚踢倒，抬手“砰”的一枪将他打死。他又向前走了几步，击毙了另一个匪兵，其余人急忙跪下，边磕头边喊叫：“团长饶命！是曾显文、黄义南逼我们干的。”

莫金生又转过头，冷冷地看着曾月文问：“你们俩是头儿?”

曾月文心一横，大声对莫金生说：“团长，咱们不能再听这两个八路的了，不能下山投降啊!”另一个匪徒也声泪俱下地说：“团长啊，咱们下山就全完了，还不如咱们就地解散，让兄弟们自谋生路吧。”

“妈的，还敢乱说!”莫金生举枪将曾月文和匪徒打死。随后骑上马去追匪营长黄义南。李延培见状，害怕莫金生有失，急忙和莫东生一起骑上猎马紧跟上去。几匹快马顺着匪徒逃跑的方向穿密林下陡坡直追下去。追了有30里左右，终于看见了黄义南和另外几个匪徒的身影。

李延培和莫金生分两边包抄过去，李延培快马加鞭，很快就将跑在前面的黄义南追上，黄义南回头准备射击，李延培抬手一枪将他的马打翻。黄义南从雪中爬起，李延培的枪口已对准了他的脑袋，大喝道：“我不打死你，你应该由人民政府来审判!”

追击逃窜匪徒的行动很顺利，这次叛乱的主谋骨干、国民党顽固分子曾显文和黄义南，以及他们的少数同伙被肃清。这一下那些有阴暗想法的人都被震慑住了，再没人敢乱说乱动。经过一番商讨，大家全部同意在投诚书上签字。

1949年2月28日是个值得纪念的日子，莫德林、莫德生、德宝等鄂伦春人随同李延培、穆景祥一起来到北安，举行签约仪式，正式宣布下山投诚。

黑龙江省工委会议室布置得庄严肃穆，正面墙上挂着毛泽东、朱德巨幅画像，墙上方是写有“黑龙江省政府与莫金生、莫东生部投诚协议签字仪式”字样的红布横幅，两边挂了几面彩旗。莫德林等人来到这里签署和递交了投降书，黑龙江省政府代表和鄂伦春代表分别在协议上签字，黑龙江省政府主席范式人宣布全省境内清剿国民党政治土匪的斗争全部结束。李延培作为最大的功臣也亲眼见证了这个难忘的历史性时刻。

莫德林衷心感谢共产党和人民政府对鄂伦春人的关心和爱护，表示部族全体人员要在人民政府领导下，严格遵守一切法令，安居乐业，戴罪立功。

根据协议，政府提出如下要求：

一是所有鄂伦春人及内中少数蒙古人，给予保留生活上需要的猎枪、马匹。其中的汉人、日本人等一律下山，交枪交马，政府保证他们的生命财产安全，并资送他们回原居住地与原籍，在当地政府领导下安居乐业。

二是鄂伦春人下山投诚后，在政府同意下，指定地点安家，选出屯代表管理其生活与执行政府法令，政府并帮助鄂伦春人设立学校，并看需要派教员前往进行新民主主义教育。政府以少数民族平等看待，任何人不得歧视鄂伦春人。

三是在经济方面，政府指定商店与鄂伦春人交换皮张，或者用货币收买，并责成该商店用公平公道价格照顾鄂伦春人。如鄂伦春人特别困难，在吃粮方面政府予以一定补助。

四是鄂伦春人下山投诚后，可以在指定山区打猎，并负责该山区治安，保护森林，不再发生抢掠事件。协助政府肃清土匪。

此外，政府组成工作队，对于生活困难的鄂伦春族群众要抓紧救助，首先解决好他们的穿衣吃饭问题，并派医生上山给患者治疗，使他们真正体会党的民族政策的伟大。同时，按照这部分原籍在逊克县的鄂伦春族群众要求，安排车辆、耙犁等交通工具将他们送回家乡。

李延培再一次来到了山寨，并带来了身穿白衣大褂的医护人员，挨家挨户给鄂伦春人诊病、体检、治疗和送药。马队驮过来的生活用品就更丰富了，几个年轻人站在粮堆旁边吆喝着："大家拿袋子、口袋快过来领粮了。每户拿瓶子、酒壶来领两斤酒，还有一斤糖，快来领吧！"

不一会儿，人们拿着袋子、拎着瓶子走向粮堆，高兴地背着粮食、提着酒瓶往回走去，孩子们忙不迭地抓几块糖塞进嘴里……

六、走向新生

正月十五也是鄂伦春民族的重要传统节日，每到这一天，外出打猎、办事的人们，以及在外的子女都要回到父母身边团聚，所以正月十五也叫团圆年或圆月年、月亮年等。

这一年的正月十五对山寨里的鄂伦春人来说格外热闹，他们虽然远离了家乡，但仍没有忘记这个传统佳节。尤其是现在马上要下山安居了，他们更能过个轻松快乐的节日。孩子们换上了新衣裤，大人们吃饺子喝酒。一轮圆月升起，空地上熊熊的篝火也点燃了，酒足饭饱的人们走出“撮罗子”，围到篝火边跳舞、摔跤、掰手腕，手拉手围着跳起依哈嫩舞，跳累了，就亮开嗓子唱歌。李延培也被热情的鄂伦春人拉到篝火前，大家簇拥着他载歌载舞，表达感激和欢乐的心情。老歌手唱起了古老民歌。

当我走进褐色的丘陵哟，
褐色的丘陵是多么欢乐！
当仙鹤落在褐色的丘陵哟，
褐色的丘陵是多么欢乐！

当鸟儿飞到天的尽头哟，
天尽头是多么欢乐！
当花翅鱼顺流而下哟，
急流小河是多么欢乐！
……

舞蹈者、围观的人们不由得跟随着旋律歌唱，茫茫的兴安岭和篝火照耀中的山寨沉浸在欢乐的海洋中。

莫金生、莫东生、莫德林等端起酒碗，祝李延培节日愉快。莫金生也有些激动地说：“我向李长官，向为我们看病送药的大夫们表示感谢，祝你们节日愉快！”他喝了一大口酒，接着说：“我们已经和政府签订了协议书，那么下一段时间就是要把协议的规定和要求落实好，我们还要和李长官合作，把后续工作做好做完。”

莫东生动情地说：“李政委，你是我最佩服的人。没有李长官就没有我的今天，也没有我们这部分鄂伦春人的今天。认识了你之后，我才明白了共产党为什么这么厉害，解放军为什么会胜利，你是我们鄂伦春人最好的‘谙达’（朋友）！”

李延培站起来说：“以前我从来没有见过鄂伦春人，这次算是第一次接触。进山后我才真正了解到鄂伦春族是勤劳、勇敢、智慧的伟大民族。我很荣幸结识了东生、金生、德林等头领，愿我们的友谊长存！愿鄂伦春族兄弟永远幸福安康！”大家热烈鼓掌。

接下来，鄂伦春人陆续被送回原籍安置。李延培还说服莫金生，让他的妻子下山参观。军区军事部部长于天放亲自接待了莫金生的妻子，给她宣讲党的民族政策。黑龙江省政府还派人带着她在各地参观游览，并给她拍了许多照片。莫金生的妻子深受感染，回去后常常念叨共产党的好、解放军的好、新中国的好。在各方面影响下，莫金生的思想逐渐彻底转变了。

1951年，黑龙江省政府指示黑河鄂伦春协领公署成立护林大队，莫东生担任护林大队大队长，莫金生担任副大队长，组织护林队员巡山放哨，开展护林防火工作。由于莫东生积极配合政府工作，因而得到族人的称赞和政府部门的肯定。他多次代表鄂伦春新村参加县和地区召开的各种会议，也代表鄂伦春族参加了省和国家组织的少数民族参观团。

莫氏兄弟还先后到哈尔滨、长春、沈阳、大连等城市游览参观，见识不断增长，思想不断进步。经过反复的思想工作，在莫金生的支持配合下，战国芳、曾桂山等最后4个负隅顽抗的汉人土匪在1952年8月全部被带下了山。

1952年年底，莫东生等又参加了黑龙江省组织的考察团，赴上海、杭州、北京等地参观，目睹了新中国热火朝天的建设场面，感受祖国日新月异的变化。

在北京，莫氏兄弟迎来了他们一生中最难忘的日子。这天，毛泽东、周恩来、朱德、刘少奇等党和国家领导人接见了参观团并和全体团员合影留念。

毛主席走过来关切地问："你们中间是不是有鄂伦春族啊?"

莫东生激动地答道："有。"

毛主席亲切地和他握手，问："你是莫东生?"

莫东生回答说："是。"

毛主席又关切地问："鄂伦春人都下山了吗?"

"都下山了。"莫东生使劲儿点头。

见到毛主席后，莫东生等十分激动，也受到了深刻的思想教育和极大的精神鼓舞，深切地感受到他们选择了一条光明的道路，更加坚定了听党的话、走社会主义道路的决心和信心。

1954年，莫东生被选拔到逊克县政府参加工作，成为一名国家干部。他曾先后任逊克县鄂伦春协领公署秘书、逊克县林业科副科长、逊克县民族事务委员会副主任等职，并长期兼任黑龙江省政协委员，参与协商讨论国家大政方针，行使当家做主的权利。莫金生也于1954年被调到黑河鄂伦春协领公署任秘书工作，两年后被任命为黑河地区行署民委副主任职务。莫德林1952年被安排到黑河地区林业管理局担任林政科科长，并兼任黑河专署民族事务委员会委员等职。在党和政府领导下，莫氏兄弟在护林防火、发展生产和建设鄂伦春新村等方面做了许多有益的工作。

黑龙江的水呀哗啦啦地滚，
兴安岭的森林都呀么都有根。
鄂伦春今天翻呀么翻了身，
同喝甜水不忘我们的挖井人。

在党和政府的关怀和帮助下，下山定居的鄂伦春人过上了幸福美好安定的生活。他们建新村、开荒种地，学校、卫生院、供销社等配套设施都建立了起来。

时光飞逝，黑河地区的鄂伦春人口已经翻了几番，从濒临消亡的2000人增加到现在的近9000人。从全民文盲、没有语言文字到中学教育基本普及，还有了自己的大学生、硕士生和博士生。村民全部住上了砖瓦房，现代家具家电齐全。经济发展状况也发生了巨大变化，农牧副渔全面发展。还建起了鄂伦春新居、原始部落景区、漂流码头等文化旅游设施，打造鄂伦春北方游猎第一乡。村民的经济收入大大提高，早已脱贫致富，和各民族人民一起实现致富奔小康的中国梦。

但是，鄂伦春人始终没有忘记，在72年前，一位名叫李延培的“老八路”舍生忘死，勇闯兴安岭，走进深山密林，来到他们的山寨，晓以大义、动之以情，把走入歧途的他们带下了大山，走进了新社会，开始了新生活。当地还流传着许多孤胆英雄李延培的故事和传说，许多党史专家、军事专家和当地民俗专家都在研究发掘这段历史，2018年8月17日，央视中文国际频道（CCTV-4）《国宝档案》播放了纪录片《人民的胜利·民心所向——归来吧鄂伦春》，展现了李延培作为谈判代表只身深入虎穴，不费一枪一弹，成功劝说鄂伦春首领下山投降人民政府的这段波澜起伏的革命历史。即使到今天，当年鄂伦春人的后代还经常和李延培的女儿保持联系，对李延培这位拯救了鄂伦春族人的大英雄大恩人表示感谢和敬意。

新中国成立一年后，中国人民解放军空军部队东北空军建立起时，李延培和龙江军区警卫团营以上干部被抽调加入空军，负责筹建辽宁东丰机场，李延培任机场首任政委，并为参加抗美援朝的志愿军空军做战机保障和地勤服务。后来，李延培担任空军某部后勤部副部长。1966年7月，因受到“文革”冲击，他在受审查后被下放到大连金县（今金州区）空军农场劳动改造。在这里，李延培每天都要下地劳动，担粪、挑水、锄地，劳动强度很大，多年征战留下的旧伤不时复发，令他痛苦难耐。虽然受到不公正对待，但李延培对党对人民的忠心和初心始终不改。他在自传中写道：“无论情况怎样变化，自己是有着为人民服务到底的决心，永远跟着共产党走的思想立场。只要我的脉搏在跳动着，我永远是为党与人民服务的，绝不会有任何不正确的思想和行为。”

因长期积劳成疾，加之受到迫害，李延培身患胰腺癌。1974年12月，终因病情恶化抢救无效，在北京空军总医院逝世，年仅56岁。

在数十年的革命战斗生涯中，李延培英勇杀敌、屡建战功。他行事低调、不争功名。他为人耿介正直、两袖清风，直到生命最后一息还想着为国家为社会做贡献。病重之际，他决定捐献出自己的遗体供医学解剖研究用。李延培去世，他的遗体在解剖后被填上麦秸再缝合起来火化，医务工作者满含热泪深深鞠躬，向这位为革命无私奉献了一生的战斗英雄致敬。

在艰苦的战争年代，李延培和战友们结下了深厚的革命感情，在他们中享有很高的威望。即使在“文革”特殊时代，空军还破例为他举行了遗体告别仪式。在京的老战友们，如时任第七工业部部长的汪洋、时任冶金工业部部长的陈绍昆、时任北京卫戍区副司令的李刚、时任总参作战部部长的王扶之、时任农林部部长的沙风等都赶来送他最后一程。

含冤逝世的李延培没有留下什么家产，留给家人的只有共和国为他授予的三级自由勋章、三级独立勋章和三级解放勋章。他的遗体火化后，在骨灰中还有好几块大小不等的弹片，这些弹片多年来一直在他的身体里肆虐，损害着他的健康。他就带着这些弹片不断地战斗、战斗，工作、工作，直到生命停止。

李延培走了，带走了他一生的欢乐悲苦，带走了许多关于他自己、关于他战友的故事。李延培走了，告别了他为之奋斗不息的事业，终于可以长久安息了。1979年，李延培获得平反。1983年，被定为革命烈士。

后　记

西安冬季的第一场雪飘然而至，一城的洁白带走了春的盎然、夏的繁盛和秋的韵致，但我的心却是火热的，充满了兴奋与跃然，因为《从黄土高原到白山黑水》的书稿终于完成了。

这本书耗费了我多年的心血，倾注了我太多的情感。我从小就听母亲讲外爷的故事，长大后经常从党史、军史书籍和电视片中看到李延培这个名字。他所经历的一场场战斗，所度过的无数个岁月，所经历的一幕幕热血场景，所结交的一个个战友兄弟，一直在我的梦里萦绕，在我的眼前浮现。我有了一种责任感，觉得有义务将外爷的一切记录下来、写出来，使那些零碎的、分散的资料和故事成为完整、系统、全面、详细的记录。于是我像海绵挤水一样挤时间，像蚂蚁搬家一样堆资料，像“键盘侠”一样不停地码字。功夫不负有心人，经过零散的写作和集中的“攻坚”，十多万字的书稿终于“杀青”了。虽然总的字数不算多，但每个字对我来说都是沉甸甸的，它们凝聚了我的情感，承载了我的辛劳，寄托了我的梦想，我终于可以像“90后”“00后”一样，用手比出个V字，大喊一声“耶”!

在书中，我跟随外爷的脚步，从贫瘠的陕北高原出发，走向关中与秦岭，走向山西与河北，走向山东与河南，走向安徽和江苏，走向黑龙江与兴安岭……跟着外爷战斗，跟着外爷战胜困难，跟着外爷体验人生的悲欢离合。外爷是刚猛坚强的，又是坚韧细腻的。他最令我崇敬的除了不畏生死、勇往直前的英雄气概外，还有云淡风轻、不争功名的高贵品质。在我人生遇到困难时，面对诱惑时，我都会想到外爷，都会以他的行为作为自己行动的标尺。

1974年12月5日，外爷永远离开了我们，离开了为之奋斗的土地，但他的革命精神和高尚品德形成了良好的家风，潜移默化地影响和培育着他的后人。尤其是我的儿子和外甥这些家中的“80后”和“90后”，他们的血液中有着红色基因，他们的骨子里有着对革命历史和传统的热爱，这也足以令外爷他老人家在九泉之下感到欣慰了。

非常感谢第四届茅盾文学奖获得者王火老先生对我的关注、支持与鼓励，在创作过程中，他无私地提供了许多在山东、江苏等地考察采访来的一手资料，也得到了他很多的鼓励和支持。非常感谢褚银教授给予我的指导与帮助，在写作过程中，他提供了许多关于史实与资料方面的专业建议。非常感谢外爷的老战友、家人和后代，他们给了我很多的帮助，使我拥有了许多珍贵的资料和照片。非常感谢我的诸多老领导、老朋友，他们给了我很好的意见建议，使我的写作更加顺利。我尤其要感谢我的母亲，是她几十年的讲述和回忆，以及多年保存的照片、自述、回忆录，使外爷的形象在我心里丰富生动地呈现，对外爷的事迹也有了更深的了解。

我希望大家能关注这本书、喜欢这本书。我想，如果读者能以外爷的战斗经历和征战故事为线索和缩影，对曾经发生过的历史事件和中国革命胜利进程有所了解，使我能为讲好党史军史故事、赓续红色血脉尽一点儿绵薄之力，那就是我最大的荣幸和幸福了。

惠　毅

2021年11月　西安